Inhalt

Argumentieren

Autorin: Angelika Kreische

Neue Medien im Deutschunterricht

Autor: Hennes Weiß

Autorin:
Angelika Kreische unterrichtet Deutsch und Französisch am Gymnasialzweig einer kooperativen Gesamtschule. Sie ist als Ausbilderin für Französisch und Pädagogik am Studienseminar für Gymnasien in Oberursel und in der Lehrerfortbildung tätig.

Herausgeber und Autor:
Hennes Weiß unterrichtet Sport und Deutsch. Er arbeitet zudem in der Lehreraus- und fortbildung. Die Schwerpunkte seiner Tätigkeit am Staatlichen Schulamt Darmstadt sind Fachberatung und „Neue Medien".

Herausgeber und Autor:
Markus Kuhnigk ist Lehrer für Deutsch und Katholische Religion an einem hessischen Gymnasium. Er ist am Studienseminar Gießen als Ausbildungsbeauftragter tätig und arbeitet in der Lehrerfortbildung.

Argumentieren

Der Lern- und Arbeitsprozess

A Vorwissen und Voreinstellungen aktivieren

Die Lernspiralen LS 01 und LS 02 dienen zur Offenlegung des themenspezifischen Vorbewusstseins der Schüler. Sie sollen nachdenklich machen, Gespräche in Gang setzen, Problembewusstsein schaffen, Defizite in den Blick bringen und tragfähige Lerninteressen mobilisieren helfen. Die besagten Lernspiralen gliedern sich in mehrere Arbeitsschritte der Schüler. Die betreffenden Arbeitsabläufe werden jeweils angedeutet. Detaillierte Ausführungen dazu finden sich auf den nachfolgenden Seiten.

LS 01 Eine themenzentrierte Assoziationsübung durchführen ▶ Meinungen formulieren ▶ Meinungen austauschen ▶ Meinungen dem Plenum präsentieren ▶ Meinungen begründen ▶ Ergebnisse im Plenum vorstellen

LS 02 Thesen diskutieren ▶ Bewertungsbogen ausfüllen ▶ Bewertungen veröffentlichen ▶ Diskussion in Zufallsgruppen ▶ Stellungnahme in Zufallsgruppen erarbeiten ▶ Auswertung im Plenum

B Neue Kenntnisse

Die Lernspiralen LS 03 bis LS 08 geben den Schülern Gelegenheit, intensiv ins anstehende Thema einzudringen und inhaltlich wie methodisch Neues zu lernen. Sie müssen vielseitig arbeiten und üben, konstruieren und produzieren, kommunizieren und präsentieren. Welche Akzente gesetzt und welche Kompetenzen vermittelt werden, lässt sich aus den nachfolgenden Arbeitsskizzen ersehen.

LS 03 Auf Diskussionsbeiträge sachlich und argumentierend eingehen ▶ Formulierungen erarbeiten ▶ in Tandems abgleichen ▶ in Zufallsgruppen Regelplakat erstellen ▶ Präsentation

LS 04 Gesprächsregeln einhalten – regelgebundenes Kreisgespräch ▶ Regelkenntnisse auffrischen und vertiefen ▶ Thema unter Beachtung der erarbeiteten Regeln diskutieren ▶ eigene Meinung äußern ▶ sich aufeinander beziehen ▶ Arbeitsprozess reflektieren

LS 05 Die Fünfsatzmethode als ein Argumentationsschema einsetzen ▶ Vorwissen zur Fünfsatzmethode aktivieren ▶ Zielsatz in Gruppenarbeit entwickeln ▶ zum Zielsatz hinführende Sätze in Gruppen erarbeiten und grafisch miteinander verknüpfen ▶ Argumentation in Gruppen vorbereiten ▶ Präsentation nach Zufallsprinzip im Plenum

LS 06 Eine Argumentation planen und einen freien Redebeitrag leisten ▶ Stellungnahme zu einem Fallbeispiel in Einzelarbeit ▶ Meinungsaustausch in Zufallsgruppen ▶ Rollenspiel vorbereiten ▶ Reflexion zu Rollenspiel und Einhaltung der Gesprächsregeln

LS 07 Ideen ordnen ▶ Vorwissen reaktivieren ▶ Ideen sammeln ▶ in Zufallsgruppen Mind-Maps erstellen und präsentieren ▶ Kurzvortrag vorbereiten und im Plenum präsentieren

LS 08 Die eigene Meinung sachlich und begründet vertreten ▶ unterschiedliche Argumentationsanlässe auslosen ▶ sich auf das jeweilige Thema vorbereiten ▶ Austausch in themengleichen Gruppen ▶ Argument an der jeweiligen Station vortragen ▶ Diskussion der Argumente in der Gruppe ▶ Präsentation im Plenum ▶ eine Stellungnahme schriftlich formulieren ▶ Präsentation im Plenum

C Komplexe Anwendungs- und Transferaufgaben

Die Lernspiralen LS 09 bis LS 11 zeichnen sich dadurch aus, dass sie den Schülern relativ diffizile und übergreifende Leistungsnachweise abverlangen. Das erworbene Sach- und Methodenwissen muss angewandt, der eigene fachliche Durchblick unter Beweis gestellt werden. Nähere Hinweise zu den betreffenden Anwendungs- und Transferaktivitäten geben die nachfolgenden Arbeitsskizzen.

LS 09 Zu Meinungen anderer Stellung nehmen ▶ Text lesen ▶ wichtige Stellen markieren ▶ einen Leserbrief schreiben ▶ Leserbriefe in Zufallsgruppen vorlesen und diskutieren ▶ Leserbrief präsentieren

LS 10 Sich konstruktiv in eine Diskussion einbringen ▶ Diskussion vorbereiten ▶ Regeln der Fishbowl-Diskussion erläutern ▶ Fishbowl-Diskussion durchführen ▶ Vorbereitung der Reflexion der Fishbowl-Diskussion ▶ Reflexion im Plenum

LS 11 Bilanz ziehen ▶ Schüler reflektieren über ihren Wissensgewinn und ihre Arbeitsweise ▶ Vorschläge zur Verbesserung ▶ Kommentar durch Mitschüler und Lehrer ▶ umfangreiche Diskussion im Plenum ▶ Trainingsplan

Abkürzungen und Siglen

LS = Lernspirale
LV = Lehrervortrag
EA = Einzelarbeit
PA = Partnerarbeit
PL = Plenum
HA = Hausarbeit/Hausaufgabe

L = Lehrerin oder Lehrer
S = Schülerinnen und Schüler

In den Erläuterungen zur Lernspirale wird für Lehrerinnen und Lehrer bzw. für Schülerinnen und Schüler ausschließlich die männliche Form verwendet. Dabei ist die weibliche Form stets mitgemeint.

Hinweis zum Zeitansatz

Eine Lernspirale ist für 90 (45) Minuten konzipiert. In der Regel wird nicht die volle Unterrichtszeit verplant, sondern pro Lernspirale ein Zeitpuffer von 5-10 Minuten einkalkuliert (um aufzuräumen, organisatorische Alltagsgeschäfte zu erledigen oder Schülern ein Feedback zu geben).

Je nach Größe und Leistungsstärke der Lerngruppe muss der Zeitansatz, der im Stundenraster für jede Unterrichtsphase ausgewiesen ist, entsprechend angepasst werden.

LS 01 Eine themenzentrierte Assoziationsübung durchführen

		Zeit	Lernaktivitäten	Material	Kompetenzen
1	PL	25′	Die S betrachten die auf den Fotos dargestellten (Trend-)Sportarten. Sie überlegen leise, was sie an der jeweiligen Sportart fasziniert und was ihnen nicht gefällt. Sie machen sich Notizen.	www.klett.de/klippert S 01.1	- artikuliert und verständlich reden - zielgerichtet arbeiten und kooperieren - freie Redebeiträge leisten - die eigene Meinung begründet vertreten - konstruktiv diskutieren - sich der Situation angemessen äußern - Arbeitsaufträge korrekt umsetzen
2	GA	10′	Den S wird per Los eine der Sportarten zugewiesen. Sie formulieren gemeinsam Begründungen, warum ihnen diese Sportart gefällt oder nicht, und bereiten eine entsprechende Kurzpräsentation vor.	S 01.2, 3	
3	PL	10′	Pro Bild präsentiert je ein Schülertandem. Gegebenenfalls wird ausgelost.		
4	EA	15′	Jeder S wählt sich eine andere Sportart von den Fotos aus. Er schreibt auf, warum sie ihm gefällt oder auch nicht gefällt, und begründet seine Meinung.	S 01.4	
5	PL	15′	Einzelne S präsentieren ihre Meinung (pro Sportart mindestens ein S). Die anderen S machen sich Notizen.	S 01.5	
6	PL	5′	Reflexion der Arbeitsergebnisse.		

Erläuterungen zur Lernspirale

Ziel der Doppelstunde ist, dass die Schüler lernen, ihre eigene Meinung zu verschiedenen (Trend-) Sportarten auszudrücken und zu begründen.

Zunächst sollte gemeinsam mit den Schülern der Begriff „Trendsportart" geklärt werden. Sportarten wie Mountainbiken, Surfen, Inlineskaten und Snowboarden werden von den Schülern meist als „normale" Sportarten angesehen und nicht als Trendsportarten wahrgenommen, da sie sich in den letzten Jahren zunehmender Beliebtheit erfreuen und von einer breiten Masse ausgeübt werden. Dennoch zählt man sie zu den Trendsportarten, da sie derzeit im Trend sind und sich zu echten Massensportarten entwickeln werden. Zu den neuesten Trendsportarten zählen: Beachvolleyball, Kiten, Kitesurfen, Strandsurfen, Allterrainsurfen, Nordic Walking.

Sportarten mit einem erhöhten Belastungs- bzw. Risikofaktor werden als Risiko- oder Extremsportarten bezeichnet. Dazu zählen Streetrunning, Canyoning, Eisklettern, Ironman.

Bobby-Car-Rennen oder Sumpffußball gehören zu den sogenannten Fun- oder Crazysportarten, bei denen Spaß und Kreativität im Mittelpunkt stehen.

Zum Ablauf im Einzelnen:

Arbeitsschritt 1: Die Schüler gehen gruppenweise von Foto zu Foto (Wechsel nach ca. 3 Min.) und notieren, ob ihnen die abgebildete Sportart gefällt oder nicht. Im **2. Arbeitsschritt** tauschen die Schüler ihre Meinungen aus und verständigen sich bei der ihnen zugelosten Sportart, die auf einem der Fotos abgebildet ist, auf ihre Position die sie begründen und im Plenum vorstellen. Nach der Präsentation ist eine Zäsur denkbar.

Arbeitsschritt 4–5: In diesen Phasen erweitern die Schüler ihren Wortschatz, indem sie lernen, ihre Meinung zu begründen. Sie bringen ihre Erkenntnisse aus der Gruppenarbeit nun in die Einzelarbeit ein. Die freie Wahl einer Sportart soll motivieren. Der Lehrer weist die Schüler darauf hin, dass sie auch eine Sportart wählen können, die ihnen gar nicht zusagt. Über unbekannte Sportarten könnte auch recherchiert werden. Dann könnte vor dem zweiten Teil dieser Doppelstunde eine HA mit entsprechenden Rechercheaufträgen vergeben werden. Das Internet kann von den Schülern auch als Ideengeber für andere favorisierte Sportarten genutzt werden.

Arbeitsschritt 6: Bei diesem Schritt ist es wichtig, dass die Schüler in ihren Texten das entsprechende Vokabular zum Thema „Meinungen begründen" anwenden.

In leistungsstärkeren Gruppen kann man die Schüler im Internet nach Alternativen zu den angegebenen Sportarten suchen lassen. Zudem ist eine Straffung der ersten Arbeitsschritte möglich.

✓ Merkposten

Für die Bildung der Zufallspaare und Zufallsgruppen sind geeignete Losgegenstände (Kartenspiel, Ziffernkarten o. Ä.) vorzubereiten. Gleiches gilt für das Auslosen der Gruppensprecher.

Die einzelnen Fotos (siehe Internetplattform www.klett.de/klippert) müssen an verschiedenen Plätzen im Klassenraum aufgehängt werden. Je nach Klassengröße werden 4–6 Fotos eingesetzt.

Auf www.klett.de/klippert sind hilfreiche Links zum Thema (Trend-)Sportarten zu finden.

LS 02 Thesen diskutieren

		Zeit	Lernaktivitäten	Material	Kompetenzen
1	PL	5′	Der L entscheidet je nach Wissensstand der Klasse, ob er das Kompendium „Instrumente der Argumentation" (LS 02.M1) für angebracht hält. Dazu kann er Fragen vorbereiten, die ihn über das Wissen der S aufklären.		- gezielt Notizen machen - zielgerichtet arbeiten und kooperieren - konstruktiv diskutieren - artikuliert und verständlich reden - eigene Meinung formulieren und begründen können - freie Redebeiträge leisten
2	EA	15′–30′	Die S erarbeiten sich in Stillarbeit die Aufgaben von der Kopiervorlage. Das Merkwissen soll die S anleiten. Nach jeder Aufgabe können die Ergebnisse vorgetragen werden, um einen Lehrgang zu sichern und den L über das Verständnis der S zu informieren.	LS 02.M1	
3	EA	5′	Die S bewerten die vorgegebenen Thesen. Je größer der Pluswert, desto höher die Zustimmung.	S 02.1	
4	PL	10′	Die S übertragen ihre Bewertungen auf ein großes Plakat oder eine Folie (jeweils vergrößerte Kopie des Schülerarbeitsblattes).		
5	GA	25′	Die Zufallsgruppen bekommen jeweils eine These aus der Tabelle zugelost, diskutieren diese und erarbeiten eine Stellungnahme für die Gesamtgruppe.	S 02.2	
6	PL	10′	Die per Los ermittelten Vertreter der einzelnen Gruppen tragen die Stellungnahme im Plenum vor.	S 02.3	

Erläuterungen zur Lernspirale

✓ Merkposten

Entscheidet sich der Lehrer für die Durchführung des Kompendiums, ist dieses in ausreichender Anzahl zu kopieren.

Die Bewertungstabelle aus dem Schülerheft muss für Arbeitsschritt 4 vergrößert oder auf Folie gebracht werden, damit die Schüler ihre Bewertungen vornehmen können. Für diesen Arbeitsschritt müssen zudem Filzstifte, Klebepunkte oder Folienstifte zur Verfügung gestellt werden, mit denen die Schüler ihre Markierungen setzen können.

Ziel der Doppelstunde ist die Bereitstellung und Erprobung der notwendigen Bestandteile einer wirksamen Argumentation. Haben die Schüler keine Probleme damit, liegt der Schwerpunkt darin, zunächst mithilfe einer Bewertungstabelle die eigene Meinung zu einer These über Trendsportarten auszudrücken, um sie dann begründet zu vertreten. Es ist sinnvoll, sich zu Beginn mit den Schülern über den Begriff „Trendsportart" zu verständigen (siehe Erläuterungen unter LS 01).
Es ist aber auch denkbar, sich als Themeneinstieg zwischen LS 01 und LS 02 zu entscheiden.

Zum Ablauf im Einzelnen:
Die Arbeitsschritte 1 und 2 dienen zu Aktivierung bereits bekannter Sachverhalte. Sie geben den Schülern Sicherheit im Umgang mit den Begriffen rund um das Thema „Argumentieren". Der Lehrer entscheidet, inwieweit er diesen Arbeitsgang für notwendig erachtet. Möglich wäre auch, diese Aufgaben mündlich und damit zügiger gemeinsam im Plenum zu lösen. Nach Arbeitsschritt 2 wäre eine Zäsur möglich.
Im **Arbeitsschritt 3** finden die Schüler ihren Standpunkt, indem sie die vorgegebenen Thesen bewerten. Dieser Arbeitsschritt kann gegebenenfalls bereits als vorbereitende Hausaufgabe geleistet werden.
In **Arbeitsschritt 4** wird durch die öffentliche Bewertung das Meinungsspektrum der gesamten Klasse sichtbar. Es ist darauf zu achten, dass pro These nur eine Bewertung abgegeben wird. Sollte für die Durchführung wenig Zeit zur Verfügung stehen, kann auf diesen Arbeitsschritt verzichtet werden. Alternativ zur Präsentation der Einzelarbeitsergebnisse auf einem Plakat oder einer Folie ist es in einer leistungsstarken Klasse denkbar, direkt in eine Diskussion über die Thesen einzusteigen. Es sollte darauf geachtet werden, dass die Schüler ihre Meinungen entsprechend begründen. Der Lehrer sollte die „Energie" nutzen, die aufgrund der recht provokativ formulierten Thesen entstehen könnte.
In den **Arbeitsschritten 5–6** lernen die Schüler, ihre Meinungen zu begründen. Die entsprechende Liste mit Wörtern und Wendungen in der Randspalte auf S. 2 dient als Unterstützung. In leistungsstarken Gruppen können diese Arbeitsschritte auch erweitert werden, indem sich Schüler zum Beispiel selbst weitere Thesen ausdenken. Sie notieren diese und begründen sie. Sie können ihre Thesen auch mit denen ihrer Mitschüler tauschen, sodass sie jeweils fremde Thesen begründen. Diese Erweiterung ist sinnvoll, wenn im **4. Arbeitsschritt** bereits eine Diskussion der Thesen erfolgt ist.
Um die Begriffe These, Argument und Beleg sowie die Tipps zu einer gelungenen Stellungnahme weiter einzuschleifen, können die Schüler – gegebenenfalls als freiwillige Zusatzaufgabe – auf der Grundlage der entsprechenden Zusatztexte im Schülerheft einen Lückentext zu diesen Begriffen formulieren, der dann den Mitschülern präsentiert wird; ein Lösungsblatt zu konzipieren, gehört dazu. Die Lückentexte und Lösungsblätter sind vor dem Einsatz im Unterricht zu prüfen.

LS 02.M1 Instrumente der Argumentation

„Ich esse gern Eis!" ist deine persönliche Meinung, ein anderer sagt: „Eis schmeckt mir nicht." Da steht Aussage gegen Aussage, Empfindung gegen Empfindung und ihr werdet einander kaum vom Gegenteil überzeugen können. Was ist aber, wenn jemand sagt: „Eis ist ungesund"? – Dann stellt er eine Behauptung auf, die für alle gelten soll. Eine solche **Behauptung** oder auch die **Forderung** „Alle Menschen sollen aufhören, Eis zu essen" bezeichnet man als **These**.
Eine Meinung zu äußern und eine These aufzustellen ist also nicht dasselbe!

1 EA

Kreuze hinter den Beispielen an, ob es sich um eine Meinung oder eine These (Behauptung oder Forderung) handelt.

	Meinung	These
Beim Downhillfahren macht man sich nur schmutzig.		
Der Staat sollte mehr für die Fitness von Kindern und Jugendlichen tun.		
Ausreichender Schlaf und gesunde Ernährung halten gesund.		
Mein Snowboard ist das tollste auf der Welt.		
Ein Fahrradhelm ist grundsätzlich überflüssig.		

Eine These wird also aufgestellt. Ich prüfe erst einmal, wie ich zu ihr stehe: Stimme ich ihr zu oder lehne ich sie ab? Manchmal ist es nicht einfach, eine **Position zu beziehen**. Eine These musst du daher prüfen, du kannst sie **verwerfen** oder ihr **beipflichten**. Um deine Position aber deutlich und verständlich zu machen, ist es wichtig, dass du sie begründest. Auch wenn du selbst eine These aufstellst, verfolgst du ein bestimmtes Ziel: Du möchtest andere überzeugen, dass du Recht hast. Wenn du eine These diskutierst, musst du sie also begründen. Diese **Begründung** nennt man **Argument**.
Eis ist ungesund (These), *denn es enthält viel Zucker.* (Begründung/Argument)

2 EA

Überlege zunächst, wie du zu jeder These, die du in Aufgabe 1 gefunden hast, stehst. Lege eine dreispaltige Tabelle an. In die Kopfzeile schreibst du These, Begründung und Beispiele. Formuliere nun für jede These eine Begründung.

Eine Begründung lässt sich viel besser nachvollziehen, wenn sie durch Beispiele gestützt wird.
Solche **Beispiele**, auch **Belege** genannt, kannst du aus deiner **eigenen Erfahrungswelt** heranziehen oder aus **wissenschaftlichen Erkenntnissen**, du kannst auch **Zitate** verwenden.
Eis ist ungesund (These), *denn es enthält viel Zucker* (Begründung/Argument).
Zucker kann Karies verursachen und zu Übergewicht führen (Beispiele).

3 EA

Ergänze nun die dritte Spalte, indem du jeder begründeten These ein passendes Beispiel hinzufügst.

LS 03 Auf Diskussionsbeiträge sachlich und argumentierend eingehen

		Zeit	Lernaktivitäten	Material	Kompetenzen
1	PA	5′	Die S erarbeiten sich sprachliche Mittel, um Zustimmung, Ablehnung und Zweifel ausdrücken zu können.	S 03.1	– Wortschatz erweitern – zielgerichtet und kooperativ arbeiten – Arbeitsaufträge korrekt umsetzen – konstruktiv diskutieren – artikuliert und verständlich reden – eigene Meinung formulieren und begründen können – freie Redebeiträge leisten
2	PA	10′	Jedes Tandem erhält einen Plakatbogen. Die Partner schreiben aus jeder Spalte eine der vorgegebenen Fomulierungen, die sie als besonders gut erachten, auf und ergänzen sie jeweils um zwei weitere eigene Beispiele.	S 03.2, 3	
3	PL	15′	Präsentation und Diskussion ausgewählter Plakate im Plenum. Die S legen zu den Arbeitsergebnissen im Heft einen Speicher an.		
4	EA	10′	S reagieren schriftlich auf Äußerungen in den Sprechblasen und wenden dabei ihre neuen Kenntnisse zum Ausdrücken von Zustimmung, Ablehnung und Kritik an.	S 03.4	
5	PL	5′	Diskussion über eine ausgewählte Äußerung aus den Sprechblasen aus Aufgabe S 03.4.	S 03.5	

Erläuterungen zur Lernspirale

✓ Merkposten

Für die Erstellung des Plakats sind Papier sowie Filzstifte bereitzustellen. Für das Anheften der Plakate an die Tafel sind Magnete bzw. Tesakrepp-Streifen bereitzuhalten.

Ziel der Einzelstunde ist es, den Wortschatz zum Thema „Argumentieren" zu erweitern. Diese Lernspirale ist insbesondere für Schüler gedacht, die Schwierigkeiten haben, ihre Meinung auszudrücken.

Zum Ablauf im Einzelnen:
Arbeitsschritt 1 könnte bereits als Hausaufgabe geleistet werden. Auf diese Weise haben leistungsschwächere Schüler die Möglichkeit, sich in Ruhe und ihrem Lerntempo gemäß auf die Stunde vorzubereiten. Die im Schülerheft zur Verfügung gestellten Formulierungshilfen dienen vor allem leistungsschwächeren Schülern zur Unterstützung.
Die **Arbeitsschritte 2 und 3** sind dazu gedacht, den Wortschatz durch die Gestaltung eines Plakates zu erweitern. Die Plakate sollten während der ganzen Einheit zum Thema „Argumentieren" im Klassenraum präsent sein, damit sie als Gedächtnisstütze genutzt werden können. Die Schüler legen in ihren Heften einen Speicher an.
Die Präsentation der Plakate kann in Form eines Museumsrundgangs gestalten werden. Dies bedeutet, dass zunächst alle Plakate im Klassenraum aufgehängt werden. Die Schüler gehen von Plakat zu Plakat und machen sich Notizen, welches Plakat ihnen besonders gut gefällt und warum. Im Plenum werden dann ein oder mehrere „Sieger-Plakate" gekürt. Auf diese Weise werden den Schülern Techniken zur Präsentation von Arbeitsergebnissen ins Gedächtnis gerufen. Im Vorfeld der Bewertung sollten den Schülern die Bewertungskriterien bekannt gegeben oder von ihnen erarbeitet werden. Als Orientierung können folgende Kriterien dienen:

- ansprechende Gestaltung (gesamte zur Verfügung stehende Fläche ausnutzen, nicht alles in eine Ecke quetschen)
- deutlich lesbar schreiben (dicke Filzstifte verwenden, das Plakat muss auch in der letzten Reihe noch lesbar sein)
- sich auf das Wesentliche beschränken (keine Romane schreiben)
- inhaltliche Vorgaben beachten
- Kreativität bei der Gestaltung (wichtig: Es handelt sich nicht um Kunstwerke – die Pfiffigkeit im Umgang mit den vorgegebenen Inhalten ist gefragt!)

Arbeitsschritte 4 und 5 können in leistungsstarken Gruppen den Unterrichtsschwerpunkt bilden, wenn es nicht notwendig ist, gemeinsam ein Plakat mit Formulierungshilfen zu erstellen. Gegebenenfalls können auch diese Arbeitsschritte von einem Teil der Klasse gestaltet werden, während die anderen Schüler in Gruppen ein Lernplakat gestalten. Bei diesen Arbeitsschritten sollen die erlernten Formulierungen angewendet werden und sich einschleifen.
In leistungsstarken Klassen könnten die Fragestellungen diskutiert werden:
- Warum ist es wichtig, möglichst gut argumentieren zu können?
- Welche Fertigkeiten über die rhetorischen Kniffe hinaus sind in kommunikativen Situationen von Bedeutung (Setting, Gestik, Mimik, gefühlsmäßige Verfassung der Gesprächsteilnehmer)?

LS 04 Gesprächsregeln einhalten – regelgebundenes Kreisgespräch

		Zeit	Lernaktivitäten	Material	Kompetenzen
1	EA	10′	Die S erarbeiten sich in EA die zehn Gesprächsregeln.	S 04.1 LS 04.M1	– zielgerichtet arbeiten und kooperieren – artikuliert und verständlich reden – freie Redebeiträge leisten – Gesprächsregeln einhalten – eigene Meinung begründet vertreten – konstruktiv diskutieren
2	GA	15′	Die S diskutieren die Regeln in Zufallsgruppen und begründen deren Notwendigkeit. Sie wählen (nach Leistungsstand der Klasse) 3 bis 6 Regeln aus, auf deren Einhaltung sie während des Kreisgesprächs achten wollen.	S 04.2	
3	PL	10′	Die Gruppen präsentieren ihre Begründungen im Plenum.		
4	EA/ PL	25′	Möglichst jeder S erhält eine Rollenkarte. Während des Kreisgesprächs äußert sich jeder S spontan aus seiner Rolle heraus, indem er seine Meinung zum Thema äußert und begründet. Die Gesprächsregeln werden angewendet und beobachtet.	LS 04.M2 S 04.3	
5	EA	15′	Die S verfassen im Schülerheft einen kurzen „Bericht" über ihre Erfahrungen mit dem Kreisgespräch.	S 04.4	
6	PL	15′	Vorstellen der Arbeitsergebnisse im Plenum.		

Erläuterungen zur Lernspirale

Ziel der Doppelstunde ist, dass die Schüler erkennen, dass das Einhalten von Gesprächsregeln elementar ist, sobald Kommunikation stattfindet. Sie lernen Gesprächsregeln kennen und wenden sie an. In einem Kreisgespräch äußern sie sich spontan und begründet aus der Perspektive einer vorgegebenen Rolle unter Einhaltung der erarbeiteten Regeln.

Zum Ablauf im Einzelnen:

1. Arbeitsschritt: Die Schüler bilden aus den Satzhälften folgende Gesprächsregeln (LS 04.M1):
- Ein Stichwort nennen, dann den eigenen Gedanken äußern.
- Zuhören, wenn andere reden.
- Das Wort weitergeben.
- Den Vorredner anschauen.
- Das zuletzt Gesagte kurz wiederholen.
- In ganzen Sätzen reden.
- Erst melden, dann reden.
- Laut und deutlich sprechen.
- Sich kurz fassen.
- Beim Thema bleiben.

Je nach Vermögen und Interesse können die Schüler eigene Regeln ergänzen.

In **Arbeitsschritt 2 und 3** setzen sich die Schüler mit den Gesprächsregeln auseinander und entscheiden begründet, welche der Regeln sie künftig beachten wollen. Es ist sinnvoll, nur so viele Regeln auszuwählen, wie auch beachtet werden können. Bei zu vielen Regeln können sich diese nicht wunschgemäß einschleifen und zum festen Bestandteil der Gesprächskultur werden.

Im **Arbeitsschritt 4,** dem Kreisgespräch, sollen die Gesprächsregeln angewendet und beobachtet werden. Zugleich muss aus der Perspektive der Rolle heraus agiert werden. Es sollten möglichst alle eine Rolle erhalten, einige (z. B. die Rolle „Schüler" oder „Lehrer") können mehrfach vergeben werden. Alle restlichen Schüler werden Beobachter. Für die Vorbereitung auf die Rolle wird keine Zeit eingeräumt, es sollen keine Notizen angefertigt und verwendet werden. Es geht um spontane Redebeiträge! Rollen, die die Schüler in Form der Rollenkarten (kleine Handzettel, an denen man sich zugleich „festhalten" kann) erhalten könnten (LS 04.M2):
- Bürgermeister
- Lehrer
- Schüler
- Schulsprecher
- Vorsitzender des örtlichen Sportvereins
- Vorsitzender des Schulelternbeirats
- Polizist
- Jugendsozialarbeiter
- Journalist (Regionalzeitung, TV, …)
- Mitglieder des Arbeitskreises „Schule und Gesundheit"
- Gemeindevertreter
- Mitglieder der Initiative „Gegen Lärmbelästigung im Wohngebiet"
- Psychologe
- Arzt
- Bauunternehmer
- Mitglieder des örtlichen Bauausschusses
- Inhaber eines Sportgeschäfts
- Anwohner
- Rentner
- Eltern kleiner Kinder usw.

Die Rollenkarten können durch Vorschläge der Schüler oder Ideen des Lehrers ergänzt werden.

✓ Merkposten

Die Materialien LS 04.M1 und LS 04.M2 befinden sich auf der Internetplattform www.klett.de/klippert

LS 05 Die Fünfsatzmethode als ein Argumentationsschema einsetzen

		Zeit	Lernaktivitäten	Material	Kompetenzen
1	PL	5′	Es erfolgt die Einführung in die Fünfsatzmethode, die durch die Erläuterungen des L unterstützt wird.		- zielgerichtet arbeiten und kooperieren - Gedanken ordnen, strukturieren und gliedern - freie Redebeiträge leisten
2	GA	10′	Die S lesen den Zeitungsartikel „Gefährlicher Freizeitspaß" im Heft. Sie formulieren einen Einstiegs- und einen Zielsatz.	S 05.1,2	
3	GA	10′	Die S entwickeln zu ihrem Zielsatz drei hinführende Sätze.	S 05.3	
4	GA	10′	Diese Sätze werden zur besseren Anschauung in das Schema übertragen und miteinander grafisch verknüpft.	S 05.4	
5	PL	10′	Präsentation der Argumentation nach Zufallsprinzip im Plenum.		

Erläuterungen zur Lernspirale

Merkposten

Die vorgegebene Struktur kann pro Gruppe auf Folie kopiert werden, sodass in Arbeitsschritt 5 eine Folienpräsentation erfolgen kann, in der die einzelnen Argumentationsschritte nachvollzogen werden. In diesem Fall müssten neben der Folie auch Folienstifte zur Verfügung stehen.

Ziel der Einzelstunde ist, dass die Schüler lernen, mittels der Fünfsatzmethode stringent und systematisch zu argumentieren.

Zum Ablauf im Einzelnen:
Arbeitsschritt 1: Je nach Kenntnisstand führt man die Schüler zunächst in die Fünfsatzmethode ein. Der entsprechende Einleitungstext zur Fünfsatzmethode aus dem Schülerheft kann als Unterstützung von einer Folie projiziert werden. Sind die Schüler vertraut mit dieser Methode, kann dieser Schritt bloße kurze Wiederholung bleiben. Es könnte auch ein weiteres Beispiel vorgegeben werden, das die Schüler mündlich im Plenum lösen.
Im **Arbeitsschritt 2** erhalten die Schüler durch die Informationen im Zeitungsartikel ausreichendes Material, um anschließend die Sätze für die Fünfsatzmethode zu schreiben.

Lösungsvorschlag:

Thema
Inlineskaten ist gefährlich/Skaten als gefährlicher Freizeitspaß.

Einstiegssatz:
Pro Jahr werden in Deutschland 50.000 Skaterunfälle verzeichnet.

Die drei hinführenden Sätze
Inlineskater fahren sehr schnell. – Viele Skater fahren ohne Helm, Arm- und Knieschützer. – Sie können oft nicht richtig fallen oder bremsen und beherrschen die Verkehrsregeln nicht.

Zielsatz (Er wird als Erstes formuliert!)
Die Ausrüstung und das Fahrverhalten von Inlineskatern soll überprüft werden, um das Unfallrisiko zu senken.

An dieser Stelle könnten Unsicherheiten hinsichtlich der Begriffe These, Argument und Beispiel (siehe S 02 „Thesen diskutieren") geklärt werden.
Um eine Argumentation sinnvoll aufbauen zu können, muss die Zielsetzung bekannt sein. Daher wird bei der Fünfsatzmethode der Zielsatz immer zuerst formuliert.
Je nach Klasse kann man dem Thema „Inlineskaten ist zu gefährlich" folgen, den Schülern andere Themen vorgeben oder die Schüler zu selbst gewählten Themen arbeiten lassen.
Es sollte während der **Arbeitsschritte 3 und 4** darauf geachtet werden, dass die Schüler sich auf die Kerninformationen, die sie für ihre Präsentation verwenden wollen, konzentrieren. Das entwickelte Argumentationsschema dient bei der Präsentation als Gedächtnisstütze.
Arbeitsschritt 5: Nach der Präsentation der Arbeitsergebnisse sollte Zeit für eine Reflexion eingeplant werden. Mögliche Fragen sind: Welche Argumentation war besonders gelungen? Warum? Was kann der Schüler tun, um den Aufbau seiner Argumentation zu trainieren?

LS 06 Eine Argumentation planen und einen freien Redebeitrag leisten

		Zeit	Lernaktivitäten	Material	Kompetenzen
1	EA	10′	Die S bearbeiten im Heft das Fallbeispiel. Sie notieren ihre Meinung und begründen sie stichpunktartig.	S 06.1	- artikuliert und verständlich reden - seinen Wortschatz verbessern - Sprechsituationen gestalten - stringent und sachlogisch argumentieren - ein Rollenspiel gestalten
2	GA	15′	S tauschen sich in Zufallsgruppen über die Ergebnisse ihrer Einzelarbeit aus. Sie erhalten eine Rolle zugewiesen, deren Argumentation sie für das folgende Rollenspiel erarbeiten.	S 06.2	
3	PL	10′	Festlegung der S, die ihre Gruppe im Rollenspiel vertreten. Durchführung des Rollenspiels. S beobachten die Einhaltung der Gesprächsregeln.	S 06.3 LS 06.M1 (Plattform)	
4	PL	5′	Reflexion im Plenum.	S 06.4	
5	HA		Kurze Selbsteinschätzung der S in EA.	S 06.5	

Erläuterungen zur Lernspirale

Ziel der Einzelstunde ist, dass die Schüler lernen, zu einem vorgegebenen Problem (Fallbeispiel zu S 06.1) Stellung zu beziehen und nach Abwägung einen Lösungsvorschlag zu unterbreiten.
Sie durchdenken einen vorgegebenen Sachverhalt und üben dabei die sachlogische Argumentation, wobei sie die in den vorangegangenen Stunden erworbenen Kompetenzen festigen und erweitern. Ihre Überlegungen übertragen sie auf eine Rolle, in der sie sich im Rollenspiel bewähren müssen.

Zum Ablauf im Einzelnen:
Im **Arbeitsschritt 1** haben die Schüler zunächst die Möglichkeit, sich ihrem Lern- und Arbeitstempo gemäß in den Sachverhalt einzudenken (auch als HA).
Im **Arbeitsschritt 2** sollte beachtet werden, dass es zu einem echten Austausch der Arbeitsergebnisse aus der ersten Phase kommt, an dem alle Gruppenmitglieder beteiligt sind. In den einzelnen Gruppen sollte ein Regelwächter bestimmt werden.
Die Leistung der Schüler besteht darin, ihre gemeinsamen Meinungen und ihre Argumente zunächst zusammenzuführen, sie dann aber entsprechend der Rolle, die sie in der Gruppe vorbereiten sollen, wieder zu kanalisieren und zu prüfen. Dabei könnte ihnen natürlich auch eine Rolle zugewiesen werden, die ihnen nicht sympathisch ist und in die sie sich eher schwer hineinversetzen können.

Der Schüler, der seine Gruppe im Rollenspiel vertritt, wird erst nach Abschluss der Gruppenarbeit zu Beginn des **3. Arbeitsschritts** festgelegt. Erschöpft sich das Rollenspiel in Phrasen, ist bei ausreichend verbleibender Zeit auch ein zweiter Durchgang möglich, der mit Sicherheit neue Aspekte zutage fördert.
Die zuschauenden Schüler sollen auf die Einhaltung bzw. Missachtung der Gesprächsregeln und auf die Argumentation der anderen Rollenspieler achten. Das Rollenspiel sollte mit einer Entscheidung – auch in Form eines Kompromisses – enden. (z. B.: Fabian darf auf die Ersatzbank, was immerhin die Möglichkeit enthält, dass er spielen darf.)
Statt eines Rollenspiels könnten in Gruppenarbeit auch Stellungnahmen verfasst werden, die dann als Vortrag gehalten werden. In diesem Fall sind die Kriterien für einen gelungenen Vortrag zu beachten. (siehe Kopiervorlage LS 06.M1)
Die Reflexion im **Arbeitsschritt 4** ist für ein Feedback (Lob und für Verbesserungsvorschläge) vorgesehen. Es kann auch allgemein diskutiert werden, worin die Schwierigkeiten bei einem Rollenspiel bestehen.
Als Hausaufgabe wäre eine schriftliche Stellungnahme durch Fabian möglich, der eine Beschwerde an den Schuldirektor schreibt, da ihm die Teilnahme am Wettbewerb untersagt wurde.
Arbeitsschritt 5: Der im Schülerheft formulierte Reflexionsauftrag kann – je nachdem, wie die Schwerpunkte in Arbeitsschritt 4 gesetzt wurden – nach

✓ Merkposten

Das Material LS 06.M1 befindet sich auf der Internetplattform www.klett.de/klippert.

LS 07 Ideen ordnen

		Zeit	Lernaktivitäten	Material	Kompetenzen
1	PL	10′	Vorwissen zum Thema „Mind-Map" aktivieren.		– artikuliert und verständlich reden – zielgerichtet arbeiten und kooperieren – Stoffsammlung erstellen, ordnen, gliedern – gezielt Notizen machen – Arbeitsaufträge korrekt umsetzen – freie Redebeiträge leisten
2	EA	5′	Die S notieren sechs Begriffe zur These „Trendsportarten – teurer Luxus?"	S 07.1	
3	GA	20′	Die S tauschen ihre Arbeitsergebnisse aus und erstellen Mind-Maps.	S 07.2	
4	PL	10′	Präsentation der Mind-Maps im Plenum.		
5	GA	20′	Die S bereiten mithilfe ihrer Mind-Map einen Kurzvortrag vor und präsentieren ihn im Plenum.	S 07.3	
6	PL	15′	Präsentation und Auswertung der Kurzvorträge.	LS 06.M1 (Internetplattform)	
7	PL	5′	Diskussion über die Gestaltung und Wirkung des Comics.	S 07.4	

Erläuterungen zur Lernspirale

✓ Merkposten

Für die Erstellung der Mind-Maps sind entsprechend Papier/Folie sowie Filzstifte/Folienstifte bereitzustellen.

Ziel der Doppelstunde ist, dass die Schüler ihre Gedanken in einer übersichtlichen Struktur ordnen. Die Form der Mind-Map scheint in besonderem Maße für Schüler geeignet, denen es Schwierigkeiten bereitet, ihre Gedanken zu strukturieren. Die Mind-Maps für diese Lernspirale könnten die Schüler mit einem speziellen Programm auch am PC erstellen. Nähere Informationen zu diesem kostenfreien Programm auf: www.klett.de/klippert.

Zum Ablauf im Einzelnen:

Der **Arbeitsschritt 1** dient zur Aktivierung von Vorwissen (siehe auch Randspalte im Schülerheft). Anregungen für ein Unterrichtsgespräch: mit einer Mind-Map längerfristig Informationen aufbereiten; Assoziationen zu einem neuen Thema sammeln; ein Thema strukturieren; komplexe Zusammenhänge übersichtlich machen. Dieser Arbeitsschritt kann wegfallen, wenn den Schülern die Arbeit mit Mind-Maps bereits geläufig ist.

In **Arbeitsschritt 2** bereiten die Schüler durch das Notieren von sechs Schlüsselbegriffen zur These den nächsten Arbeitsschritt vor. Sie müssen dabei wichtige von unwichtigen Informationen trennen.

Alternativ ist denkbar, dass die Schüler – je nach Interesse – in Gruppen zu unterschiedlichen Trend- oder Extremsportarten recherchieren und eine Mind-Map zu einer Sportart ihrer Wahl erstellen. Folgende Sportarten könnten für Schüler interessant sein: Allterainboarding, Beachvolleyball, Discgolf, Kitesurfen, Sandboarden, Speedminton, Snowbiken, Streetrunning, Sumpfschnorcheln, Wakeboarden usw.

Eine weitere Möglichkeit besteht darin, sich anderen Thesen zu widmen und als Vorbereitung auf LS 08 „Die eigene Meinung sachlich und begründet vertreten" eine Mind-Map zu den folgenden Thesen anzufertigen:

- LAN-Partys: megacool oder todlangweilig?
- Schuluniformen „ja" oder „nein"?
- Computerspiele – die weltbeste Erfindung oder gefährliche Zeitbomben?
- Sollten bereits Kinder das Wahlrecht erhalten?
- Sollten Tierversuche verboten werden?
- Sollten Mädchen und Jungen getrennt voneinander unterrichtet werden?

Die **Arbeitsschritte 3 und 5** können in den gleichen oder in neuen Zufallsgruppen geschehen.

Nach **Arbeitsschritt 3 oder 4** ist eine Zäsur denkbar.

In den **Arbeitsschritten 5 und 6** erfolgt die Erarbeitung beziehungsweise Präsentation eines Kurzvortrages. Die Kriterien für die Präsentation eines gelungenen Vortrages befinden sich als Kopiervorlage unter www.klett.de/klippert Material LS 06.M1.

Darüber hinaus können Gruppen, die leistungsstärker sind oder über Vorerfahrungen im Bereich Präsentation verfügen, auch auf Aspekte achten, die über die oben genannten Fragestellungen hinausgehen.

Innerhalb der Lerngruppe können im Sinne des individuellen Forderns und Förderns unterschiedliche Kritierien formuliert werden. Die Schüler können in den Entscheidungsprozess, welche Kriterien für ihren Vortrag gelten sollen, einbezogen werden. Eine Überforderung sollte in jedem Fall ausgeschlossen werden.

LS 08 Die eigene Meinung sachlich und begründet vertreten

		Zeit	Lernaktivitäten	Material	Kompetenzen
1	EA	5′	Jeder S bekommt eine der sechs Thesen aus LS 07 „Ideen ordnen“ als Argumentationsanlass zugelost und notiert seine Argumente auf einem Stichwortzettel.	S 08.1, 2	- die eigene Meinung begründet vertreten - sachlogisch und stringent argumentieren - konstruktiv diskutieren - zielgerichtet arbeiten und kooperieren - Sprechsituationen gestalten - artikuliert und verständlich reden
2	EA	20′	Der S wählt eine Arbeitstechnik, um seine Ideen zu ordnen (Mind-Map, Moderationskarten). Er beginnt seine Stoffsammlung anzulegen. Der S formuliert seine Meinung zur These in einem Satz. Anschließend entwickelt er auf der Basis seiner Stoffsammlung seine Argumentation.	S 08.3, 4, 5	
3	GA	15′	Themengleiche Gruppen tauschen sich über ihre Argumente aus. Sie prüfen die Argumente und Belege auf Sachlichkeit und gehen an die Überarbeitung.	S 08.6	
4	GA	25′	Die Gruppe verfasst zu ihrer These gemeinsam eine Stellungnahme unter Berücksichtigung der bisher erfahrenen Argumente/Beispiele. Eine Arbeitsteilung wird empfohlen. Anschließend setzen die S ihre Gesamtargumentation zusammen und überarbeiten die Verknüpfung der einzelnen Teilstücke.	S 08.7	
5	PL	15′	Präsentation der Stellungnahmen im Plenum.	S 08.8	

Erläuterungen zur Lernspirale

Ziel der Doppelstunde ist es, dass die Schüler zu einer zufällig gezogenen These Stellung beziehen. Sie begründen vor einer Gruppe von Mitschülern ihre Meinung und äußern sich überzeugend zu deren Fragen bzw. Gegenargumenten. Diese Spirale stellt eine Erweiterung zu LS 07 dar: Neben der Präsentation der eigenen Argumentation geht es darum, auf Meinungen, Positionen und Fragen anderer zu reagieren und eine begründete (Gegen-)Position einzunehmen.

Zum Ablauf im Einzelnen:

1.–3. Arbeitsschritt: Zuerst erhalten die Schüler durch ein Los ihre These. Sie sammeln ihre spontanen Ideen und wählen eine Arbeitstechnik, die sie gut beherrschen oder die ihnen besonders geeignet erscheint, um ihre Stoffsammlung anzulegen. Die entsprechenden Hilfsmittel sollten bereitgestellt werden. Schrittweise nähern sie sich der Erarbeitung ihrer Argumentation. Möchte man diese Lernspirale in einer Lerngruppe durchführen, der es schwerfällt, eine eigene Meinung zu entwickeln und zu begründen, könnte man an passender Stelle pro These ein bis drei Argumente als Impulse vorgeben.

Darüber hinaus ist es natürlich denkbar, dass weitere Anlässe im Zusammenhang mit (Trend-)Sportarten formuliert werden. Es ist auch möglich, dass die Schüler im Vorfeld verschiedene Argumentationsanlässe sammeln, die dann in dieser Lernspirale aufgegriffen werden.

Im **4. Arbeitsschritt** erarbeiten die nun entstandenen Zufallsgruppen eine Stellungnahme zur These. Aufgrund der umfangreichen Vorbereitung und des eingeschränkten Zeitrahmens kann das Schreiben innerhalb der Gruppe noch einmal aufgeteilt werden: von Einzelarbeit über Partnerarbeit oder Dreiergruppe ist alles möglich. Die Gesamtgruppe fügt dann die einzelnen Teile zur Gesamtstellungnahme zusammen und achtet auf die sprachlich sorgsame Verknüpfung der einzelnen Teile.

Im **5. Arbeitsschritt** werden die Arbeitsergebnisse im Plenum präsentiert (Kriterien siehe Kopiervorlage LS 06.M1 unter www.klett.de/klippert).

✓ Merkposten

Die Thesen sollten als Lose vorbereitet sein. Die einzelnen Thesen kann jede Gruppe noch einmal auf einer Karteikarte (DIN-A5) oder einem farbigen A4-Blatt erhalten.

Plakatpapier, Stifte und Moderationskarten sind bereitzustellen.

LS 09 Zu Meinungen anderer Stellung nehmen

		Zeit	Lernaktivitäten	Material	Kompetenzen
1	HA		Jeder S liest den Text „Entscheidend sind Spaß und Lust" im Heft und markiert die Stellen, an denen der Professor seine Thesen und Argumente vorstellt und durch Beispiele stützt.	S 09.1	– Arbeitsaufträge gezielt umsetzen – sachlogisch argumentieren – auf Gegenpositionen sachlich und argumentierend eingehen – eigene Meinung begründet vertreten – einen Brief schreiben – informationstechnische Anwendungen (ITG)
2	PA	10′	Die Partner tauschen sich über ihre Markierungen aus und setzen die Kürzel T, A, B als kurze Form der Randnotiz neben ihre Texte.	S 09.2	
3	EA	30′	Jeder S verfasst einen Leserbrief, in dem er zu zwei ausgewählten Thesen Stellung nimmt. Die S beachten die Vorgaben zum Schreiben eines Briefes. Das Arbeitsblatt in ihrem Heft unterstützt sie dabei.	S 09.3	
4	GA	25′	Die Leserbriefe werden in Zufallsgruppen vorgelesen und diskutiert. Ein besonders gelungener Leserbrief wird ausgewählt und für die Präsentation vorbereitet.	S 09.4	
5	PL	20′	Präsentation von zwei oder drei besonders gelungenen Leserbriefen.		
6	HA		S überarbeiten ihren Leserbrief und übertragen ihn in ein Word-Dokument. Sie schicken die Datei per Mail dem Lehrer zu oder drucken sie für ihn aus.	S 09.5	

Erläuterungen zur Lernspirale

Ziel der Doppelstunde ist, dass die Schüler lernen, in schriftlicher Form auf die Meinung anderer einzugehen, ihre Meinung diesbezüglich auszudrücken und sachlogisch zu begründen. Diese Lernspirale unterscheidet sich von den beiden vorangegangenen, denn hier ist bereits eine Meinung vorgegeben, auf die Bezug genommen werden muss.

Zum Ablauf im Einzelnen:
Der **Arbeitsschritt 1** wird als Hausaufgabe geleistet. Auf diese Weise kann sich jeder Schüler optimal vorbereiten. Diese Leistung wird durch die Partnerarbeit im **2. Arbeitsschritt** indirekt kontrolliert. Die Formalia des Briefeschreibens könnten wiederholt werden, indem das Arbeitsblatt aus dem Schülerheft auf Folie kopiert und in einem Unterrichtsgespräch schrittweise gemeinsam ausgefüllt wird (Absender, Empfänger, Ort und Datum, Betreffzeile, Anrede, Abschiedsformel, Unterschrift).
3. Arbeitsschritt: Die Schüler nehmen im Leserbrief zu mindestens zwei Thesen Stellung, je nach Leistungsstärke kann die Anzahl der Thesen erhöht werden. Da die Schüler in Einzelarbeit arbeiten, kann man dies entsprechend individuell fordern oder vorschlagen.
Eventuell ist es sinnvoll, sich vor dem **Arbeitsschritt 4** kurz im Plenum zu verständigen, wann ein Leserbrief gelungen ist. Die erworbenen Kenntnisse werden auf diese Weise noch einmal wiederholt:

- Mit dem eigenen Beitrag an das Gesagte anknüpfen.
- Die eigene Position deutlich machen und begründen.
- Beispiele anführen.
- Klar und verständlich formulieren.
- Den Beitrag so gestalten, dass er für andere nachvollziehbar ist.

Alternativ zu dieser Vorgehensweise kann eine Schreibkonferenz abgehalten werden. In diesem Fall lassen die Schüler ihren Leserbrief auf ihrem Sitzplatz liegen. Nach einer vorher vereinbarten Reihenfolge werden die Arbeitsergebnisse der Mitschüler gelesen und kommentiert. Bei dieser Vorgehensweise muss (gemeinsam mit den Schülern) geklärt werden, welche Bedingungen die Kommentare erfüllen müssen:

- Verfasse die Kommentare für deine Mitschüler so, wie du sie selbst gerne hättest!
- Beachte beim Schreiben der Kommentare die Regeln des Fairplay; deine Kommentare dürfen niemanden verletzen oder beleidigen!
- Denke daran, dass die Kommentare deinen Mitschülern helfen sollen, sich weiter zu verbessern!
- Spare nicht mit Lob, wenn es angebracht ist!
- Verfasse deinen Kommentar in einer gut lesbaren Schrift!
- Schreibe so, dass andere deine Gedanken nachvollziehen können!
- Unterschreibe am Ende den Kommentar mit deinem Namen, damit du für Rückfragen zur Verfügung stehst!

Nachdem jeder Schüler die Kommentare zu seinem Leserbrief gelesen hat, sollten alle über ihre Erfahrungen sprechen. Leitfragen für dieses Gespräch könnten sein: Wie habe ich diese Schreibkonferenz erlebt?, Was habe ich durch die Kommentare zu meinem Leserbrief gelernt?, Mit wem würde ich gern ins Gespräch kommen?
Die HA kann als Leistungsüberprüfung dienen. Sie gibt zugleich Einblick in die Computerkenntnisse der Schüler im Bereich Word.

LS 10 Sich konstruktiv in eine Diskussion einbringen

		Zeit	Lernaktivitäten	Material	Kompetenzen
1	HA/ GA	15′	Die Gruppenmitglieder bereiten sich abschnittsweise auf die Diskussion zum Text „No risk, no fun" vor. Sie teilen anschließend ihr Expertenwissen in der Gruppe mit, um alle auf den gleichen Stand zu bringen.	LS 10.M1 S 10.1	– freie Redebeiträge leisten – Gesprächsbeiträge anderer verfolgen und aufnehmen – auf Gegenpositionen sachlich und argumentierend eingehen – konstruktiv diskutieren – Gesprächsregeln einhalten
2	PL	10′	Die S informieren sich über den Ablauf einer Fishbowl-Diskussion in ihren Heften. Der Klassenraum wird umgeräumt. Die Gruppe wählt ihren Sprecher.	S 10.2, 3	
3	PL	20′	Die Beobachter erfahren, wen sie beobachten sollen und unter welchen Aspekten. Sie ergänzen individuell weitere Aspekte. Wer aus dem Publikum etwas ergänzen oder eine widersprüchliche Ansicht vortragen möchte, nimmt auf dem freien Stuhl Platz, darf sofort sprechen und kehrt ins Publikum zurück. Während der Diskussion füllen die Beobachter ihren Bewertungsbogen (S. 17 im Heft) aus.	S 10.4	
4	EA	5′	Jeder S vergibt nach Abschluss der Fishbowl-Diskussion seine Note. Die Gruppensprecher bereiten die Schilderung ihrer Eindrücke vor.	S 10.5, 7	
5	GA	10′	Die S, die den gleichen Sprecher beobachtet haben, kommen in einer Gruppe zusammen. Sie tauschen sich über ihre verschiedenen Beobachtungen und ihre Notenvorschläge aus. Sie einigen sich auf eine Note und deren Begründung.	S 10.6	
6	PL	15′	Auswertung der Fishbowl-Diskussion im Plenum. Die Noten werden vergeben.	S 10.8	

Erläuterungen zur Lernspirale

Ziel der Doppelstunde ist, dass die Schüler lernen, ihre Arbeitsergebnisse in Form einer Fishbowl-Diskussion zu präsentieren. Sie lernen, sich klar auszudrücken und ihre Position zu begründen. Zudem wird ihr Regelbewusstsein vertieft, indem das spontane Gesprächsverhalten der Gruppensprecher und der Ablauf des Gesprächs gezielt beobachtet und ausgewertet wird.

Zum Ablauf im Einzelnen:
Im **1. Arbeitsschritt** müssen die Schüler als Hausaufgabe oder in Gruppenarbeit den Text „No risk, no fun" (LS 10.M1) erarbeiten. Der Lehrer teilt den Text in einzelne Abschnitte, die die Schüler zu Hause oder innerhalb der Gruppe durcharbeiten und untersuchen. Das Wissen zu den einzelnen Textabschnitten muss dann in jedem Fall in der Gruppe zusammengeführt werden, da sonst Lücken entstehen.
Arbeitsschritt 2 und 3: Der Bewertungsbogen ist Leitfaden bei der Beobachtung der Fishbowl-Diskussion. Den Beobachtern wird ein Gruppensprecher zugewiesen, den sie beobachten sollen. Die so entstandenen Gruppen einigen sich – selbstständig oder angeleitet – auf die Aspekte, die sie jeweils beobachten wollen. Der Lehrer kann den Bewertungsbogen auch vergrößern und Streifen von 2, 3 oder 4 Aspekten ausschneiden, die die Schüler in ihre Hefte kleben. Jeder Beobachter findet mindestens zwei weitere Aspekte, die er zusätzlich zu den vorgegebenen beobachtet. Die sieben möglichen Setzungen der Kreuze erleichtern die Vergabe einer Note.
Im **5. Arbeitsschritt** tauschen sich die Beobachter zu „ihrem" Gruppensprecher aus. (Im einfachsten Fall haben die Gruppenmitglieder ihren Gruppensprecher gewählt). Die Gruppensprecher bereiten allein die Schilderung ihrer Erlebnisse vor, alternativ auch in einer eigenen Gruppensprecher-Gruppe.
Im **6. Arbeitsschritt** äußern sich zunächst die Gruppensprecher. Anschließend kommen die Sprecher mit ihren Noten und den Erläuterungen zu Wort. Auf die Reflexion sollte keinesfalls verzichtet werden. Die Schüler sollen aus den Beobachtungen und Erfahrungen Konsequenzen für zukünftige oder ähnlich gelagerte Situationen ableiten.
Es ist auch denkbar, ohne Textgrundlage zu arbeiten und einen anderen Text oder ein freies Thema zu wählen. In diesem Fall könnte der vorgeschlagene Text Grundlage einer Klassenarbeit sein. Diese könnte analog zu LS 09 in Form eines Leserbriefs gestaltet werden.

✓ Merkposten

Da die Gruppensprecher unter strenger Beobachtung und damit einer besonderen Anspannung stehen, sollte ihnen als Erste die Möglichkeit gegeben werden, über ihre Erfahrungen zu sprechen, und zwar noch vor der Bewertung ihrer Leistung.

LS 10.M1

No risk, no fun?!

Extrem-Sportarten bei Jugendlichen und jungen Erwachsenen

Guten Tag, meine Damen und Herren, ich begrüße Sie am Gesundheitstelefon der Landeszentrale für Gesundheitsförderung in Rheinland-Pfalz e.V. Unser Thema: „No risk, no fun?! (Extrem-Sportarten bei Jugendlichen und jungen Erwachsenen").
„Bei uns findet Ihr alles für Euren Lebenstraum! Seid Ihr bereit für das große Abenteuer?" So oder so ähnlich werben Extremsportanbieterinnen und -anbieter in ihren Katalogen und Internetseiten. Immer mehr Jugendliche wollen diese Angebote auch einmal ausprobieren. Vielleicht sind sie sogar schon süchtig nach den „grenzenlosen Erfahrungen", die zum Beispiel zusammen mit dem Canyoning versprochen werden. Hier folgen die Teilnehmerinnen und Teilnehmer mit dem Wildwasserkanu den Läufen von extremen Wildwasserbächen durch Schluchten und über Wasserfälle. Andere „Adrenalin-Junkies" bevorzugen das „Sky Surfing". Sie lassen sich mit einem Snowboard an den Füßen und einem Fallschirmrucksack aus dem Hubschrauber fallen.
Ein anderes Extrem ist die übermäßige Belastung beim Sport. Also nicht nur Marathon laufen, sondern auch nach 50 Kilometern nicht aufhören können. Oder beim Bergsteigen eine Zweitagestour an einem Tag machen. Eine übermäßig anstrengende und gleichzeitig nervenkitzelnde Sportart ist das Freeclimbing, bei dem man zwar mit Sicherheitsseil, aber ohne weitere Hilfsmittel extreme Abhänge, Steilwände und Felsmassive überwindet.
Was treibt Jugendliche dazu, aus Sport Extremsport zu machen? Wie gehen Sie damit um, wenn Ihr eigenes Kind solche „Sportarten" betreibt? Was können Sie als Sportlehrerinnen und Sportlehrer oder Gruppenleiterinnen und Gruppenleiter Ihren Schützlingen empfehlen? Und schließlich, worin liegen die heilsamen Wirkungen des Sports?
Viele Menschen, die Sport machen, normal joggen oder sogar Touren-Radfahrer, berichten von einem Moment, in dem es „Klick" macht und sie sich trotz der Anstrengung wie beflügelt fühlen. In diesem Moment – so die Theorie – werden zusätzliche Hormone wie das körpereigene Opiat Endorphin und die so genannten Stresshormone Adrenalin und Noradrenalin freigesetzt. Auch die Konzentration von Serotonin, einem anderen Gefühlshormon, steigt bei körperlicher Beanspruchung. Es stellt sich dadurch eine berauschende Hochstimmung ein. Wer regelmäßig Ausdauersport macht, wird richtig süchtig nach diesem Hormoncocktail.
Im Prinzip ähnlich, aber extremer, ist es bei den Risikosportarten. In dem Moment, in dem man auf der Brücke steht und nur mit einem Seil gesichert in den Abgrund will, haben auch geübte Bungee-Springer Angst. Doch während man in die Tiefe stürzt, wird der Körper mit Glücksgefühlen überflutet. Diese halten den ganzen Tag an. Bungee-Jumper beschreiben es als ein Highgefühl, so als ob man unter Drogen steht. Der Rausch des Risikos. Nach dem Sprung stellt sich totale Entspannung ein. „Das Glücksgefühl zusammen mit der Entspannung, das baut Dich auf und macht Dich stark für alles weitere", sagen Sportlerinnen und Sportler. Eine weitere Motivation ist das stolze Gefühl, etwas Besonderes gemacht zu haben. Dies stärkt das Selbstwertgefühl.
Sie können Kinder sicherlich nicht immer davon abbringen, sich auch in gefährlichen Situationen zu erproben. Jugendliche befinden sich irgendwann in der Zeit des Aufbruchs, in der sie ihre Grenzen kennen lernen müssen. Erfolgserlebnisse brauchen sie in dieser Zeit auch für ihr noch nicht ausgeprägtes Selbstbewusstsein. Oft kommt ein gewisser Gruppenzwang dazu, dem man sich nicht entziehen will.
Sie können aber versuchen, das Risiko zu vermindern. Dazu müssen Sie ins Gespräch mit Ihren Kindern oder Schützlingen kommen. Als erste Regel bei solchen Gesprächen raten wir Ihnen, die Bedürfnisse der Jugendlichen nach diesen „Adrenalin-Kicks" ernst zu nehmen. Denn die Faszination, die davon ausgeht, ist immerhin so stark, dass man dafür Gesundheit und Leben aufs Spiel setzt. Aber versuchen Sie, Ihre Kinder oder Schützlinge zu Vorbereitungskursen und richtiger Anleitung zu motivieren. Keine Autofahrerin und kein Autofahrer wird ohne Training auf die Formel-1-Rennbahn zugelassen, nur weil er den Führerschein hat. So ist auch beim Drachenfliegen oder Freeclimbing ein Trainings- oder Einweisungskurs wichtig. Beim Inline-Skating sollten Sie Ihren ganzen Einfluss geltend machen, damit Kinder Protektoren und Schutzhelm tragen, und dass sie einen Kurs belegen, in dem sie das Bremsen und das Stürzen üben.
Prinzipiell sind sowohl Grenzerfahrungen als auch Sport für die Entwicklung von Heranwachsenden wichtig. Sport fördert den körperlichen Aufbau und das seelische Wohlbefinden. Er beugt chronischen Krankheiten wie zum Beispiel Diabetes oder Bluthochdruck vor. Oder, wie der bekannte Kölner Immunbiologe Gerd Uhlenbruck sagt: „Sport ist Mord – an vielen Krankheiten!". Darüber hinaus fühlen sich Sportlerinnen und Sportler eher in ihrem Körper zuhause und mit ihrer Figur im Einklang.
Wenn Sie mehr über den Extremsport wissen möchten, dann empfehlen wir Ihnen unsere Broschüre „Extremsport – No risk, no fun?! – Eine Information aus gesundheitlich-sportlicher Sicht", in der über Fun-, Fitness- und Trendsport, sportmedizinische Aspekte und Beispiele für Aktivitäten und Angebote im Sportbereich informiert wird.
Die Broschüre können Sie unter der Nummer 06131 / 20 69 31 bestellen. Sie finden uns auch im Internet unter www.lzg-rlp.de. Unsere Adresse lautet: Landeszentrale für Gesundheitsförderung in Rheinland-Pfalz e.V., Karmeliterplatz 3, 55116 Mainz, Telefon 06131 / 20 69 0.
Vielen Dank für Ihr Interesse und bleiben Sie gesund!

LS 11 Bilanz ziehen

		Zeit	Lernaktivitäten	Material	Kompetenzen
1	EA	15'	Die S füllen den Selbsteinschätzungsbogen aus.	S 11	- seine Fähigkeiten einschätzen - Lösungswege entwickeln - Lösungswege mit anderen diskutieren und austauschen - einen eigenen Trainingsplan erstellen
2	GA	15'	Die S diskutieren ihre Vorschläge zur Beseitigung individueller Schwächen in einzelnen Lernbereichen. *Das kann ich tun, um mich in diesem Bereich weiter zu verbessern.*		
3	PL	15'–30'	Es erfolgt die gemeinsame Besprechung der Arbeitsergebnisse.		
4	EA	30'	Jeder S erstellt auf der Basis seines Selbsteinschätzungsbogens und dem Gespräch in der Gruppe seinen persönlichen Trainingsplan.		

Erläuterungen zur Lernspirale

Ziel der Doppelstunde ist, dass die Schüler sich individuell und in der Gruppe mit dem Gelernten auseinandersetzen – mit dem Ziel, die eigenen Kompetenzen weiterzuentwickeln. Diese Stunden bilden den Abschluss der Trainingseinheit „Argumentieren".
Sie könnte als Alternative zur gängigen Leistungsfeststellung, der Klassenarbeit, eingesetzt werden.
Ein Selbsteinschätzungsbogen, als Abschluss einer Reihe, trägt dem Begriff des individuellen Lernens Rechnung. Es ermöglicht dem Schüler, sich gezielt mit den eigenen Leistungen auseinanderzusetzen und sich einen auf die eigene Person zugeschnittenen Trainingsplan zu erarbeiten.

Zum Ablauf im Einzelnen:
Im **1. Arbeitsschritt** setzen sich die Schüler mit ihren eigenen Leistungen auseinander und üben die Fähigkeit zur Selbsteinschätzung. Für diesen Schritt sollten sie ausreichend Zeit haben, um ohne Druck über sich nachdenken zu können. Das kann auch zu Hause erfolgen, wenn der Schwerpunkt im Unterricht auf dem Austausch der Lösungswege und der Entwicklung eines individuellen Trainingsplans liegen soll.
Im **Arbeitsschritt 2** diskutieren die Schüler ihre Lösungsvorschläge zu den einzelnen Bereichen (*Das kann ich tun, um mich in diesem Bereich weiter zu verbessern.*). Zur Unterstützung können die Tipps, Themenspeicher und Erklärungen aus dem Schülerheft herangezogen werden.

Zum ersten Bereich: *Ich kann zu einem Thema Argumente formulieren* und *Ich kenne die Schritte, mit denen eine Argumentation aufgebaut sein sollte*, finden sich die Hinweise in S 01 „Ein Bild – viele Gedanken!" und S 02 „Thesen diskutieren".

Zum Bereich: *Ich kann auf die Meinungen anderer reagieren*, kann unter S 03 „Auf Diskussionsbeiträge eingehen" nachgeschlagen werden.

Die Informationen zu: *Ich kenne mich mit Fachbegriffen aus* befinden sich in S 02 „Thesen diskutieren" und S 03 „Auf Diskussionsbeiträge eingehen".

Die geforderten drei Gesprächsregeln können in S 04 „Gesprächsregeln einhalten" nachgelesen werden.

Arbeitsschritt 3 dient dazu, die in den unterschiedlichen Gruppen diskutierten Ergebnisse im Plenum vorzustellen. Sie werden quasi öffentlich diskutiert, um so dem einzelnen Schüler Wege zur Verbesserung zu eröffnen.
Das in **Arbeitsschritt 4** vorgesehene Erstellen eines Trainingsplans kann entweder gemeinsam in der Klasse oder zu Hause geschehen. Wichtig ist, dass hierbei die individuellen Entwicklungsmöglichkeiten der einzelnen Schüler berücksichtigt werden.

Neue Medien im Deutschunterricht

Der Lern- und Arbeitsprozess

A Vorwissen und Voreinstellungen aktivieren

Die Lernspiralen LS 01 und LS 02 setzen an den Vorkenntnissen und Einstellungen der Schüler an. Unterrichtsaktivitäten mit und ohne Computer helfen, die Lernausgangslage für Schüler und Lehrer zu klären. Durch die Arbeitsergebnisse aus diesen Lernspiralen werden Schwachpunkte, Stärken und Spezialwissen der Schüler sichtbar und für den weiteren Unterricht auch in Differenzierungsphasen nutzbar gemacht.

LS 01 Mit Dateien und Ordnern arbeiten ▶ 4-Ecken-Abfrage ▶ Partnerberichte ▶ Begriffskarten in Zufallsgruppen klären ▶ Berichte im Plenum ▶ Aufträge in Partnerarbeit am Computer erledigen

LS 02 Texte formatieren und Bilder einfügen ▶ Vorlagen bearbeiten/Kurztexte erstellen ▶ Seiten formatieren und gestalten ▶ Bilder mit Texten verbinden ▶ Auswertung im Plenum

B Neue Kenntnisse und Verfahrensweisen erarbeiten

Die Lernspiralen LS 03 bis LS 05 geben den Schülern Gelegenheit, fachliche Themen (hier: Argumentieren) mit Computereinsatz zu erschließen und fachübergreifende Fertigkeiten zu erlernen. Dabei erwerben sie Grundlagen und verbinden fachliche und informationstechnische Kenntnisse, die in vielfacher Weise ihr „Handwerkszeug" erweitern.

LS 03 Mit Texten und Tabellen arbeiten ▶ Hausaufgabe: Kurzvortrag vorbereiten und halten ▶ Tabellenentwurf bearbeiten ▶ Tabellen entwerfen und formatieren ▶ Tabellenassistenten einsetzen und erproben

LS 04 Gemeinsam arbeiten mit einem Textverarbeitungsprogramm ▶ Argumente zusammentragen ▶ Texte erstellen ▶ Texte bearbeiten ▶ Veränderungen hervorheben ▶ Veränderungen prüfen und verwerfen

LS 05 Hypertexte erstellen ▶ Textabschnitte mit Bleistift (Stecknadel und Faden/Papier) verbinden ▶ Texte mit Computerprogrammen verlinken ▶ Links zu Internetseiten einfügen ▶ Möglichkeiten von Hypertexten einschätzen

C Komplexe Anwendungs- und Transferaufgaben

Die Lernspirale LS 06 zeichnet sich dadurch aus, dass Schüler komplexe und übergreifende Lerntätigkeiten durchführen müssen. Das erworbene Methoden- und Anwendungswissen muss mit dem eigenen fachlichen Horizont verbunden und mit Lösungsstrategien praktisch unter Beweis gestellt werden.

LS 06 Im Internet finden, was man wirklich sucht ▶ Komplementärtexte bearbeiten ▶ Informationen zusammenfügen ▶ Suchaufträge bearbeiten ▶ Lernprodukt/Arbeitsblatt erstellen

Die Angaben und Hinweise zur Arbeit mit einem Textverarbeitungsprogramm beziehen sich auf Word von Microsoft. Die Anschaffung der Schullizenzen ist mit erheblichen Kosten verbunden.
Alle Arbeitsschritte und Angaben zur Textverarbeitung in diesem Heft sind auf das Programm OpenOffice.org Writer zu übertragen. Dieses Programm unterscheidet sich nur in der optischen Form leicht vom Microsoftprodukt, die Funktionen sind durchweg vergleichbar. Dieses Programmpaket (mit Tabellenkalkulationsprogramm, Präsentationssoftware u. a.) gibt es kostenlos im Internet unter www.openoffice.org.

Abkürzungen und Siglen

LS = Lernspirale
LV = Lehrervortrag
EA = Einzelarbeit
PA = Partnerarbeit
PL = Plenum
HA = Hausarbeit/Hausaufgabe

L = Lehrerin oder Lehrer
S = Schülerinnen und Schüler

In den Erläuterungen zur Lernspirale wird für Lehrerinnen und Lehrer bzw. für Schülerinnen und Schüler ausschließlich die männliche Form verwendet. Dabei ist die weibliche Form stets mitgemeint.

Hinweis zum Zeitansatz

Eine Lernspirale ist für 90 (45) Minuten konzipiert. In der Regel wird nicht die volle Unterrichtszeit verplant, sondern pro Lernspirale ein Zeitpuffer von 5-10 Minuten einkalkuliert (um aufzuräumen, organisatorische Alltagsgeschäfte zu erledigen oder Schülern ein Feedback zu geben).

Je nach Größe und Leistungsstärke der Lerngruppe muss der Zeitansatz, der im Stundenraster für jede Unterrichtsphase ausgewiesen ist, entsprechend angepasst werden.

LS 01 Mit Dateien und Ordnern arbeiten

		Zeit	Lernaktivitäten	Material	Kompetenzen
1	EA	5′	S lesen Textvorlagen (Fertigkeitsprofile 1–4) und ordnen sich einem Profil nach Selbsteinschätzung zu. Sie stellen sich entsprechend im Klassenraum auf.	S 01.1	– Arbeitsaufträge korrekt umsetzen – artikuliert und verständlich reden – sich sachlich und sprachlich angemessen mit Argumenten anderer auseinandersetzen – Diskussionsregeln akzeptieren und einhalten – die Bedeutung von Ober- und Unterbegriffen erfassen und zur Strukturierung von Inhalten nutzen – frei und mithilfe von Stichwörtern präsentieren und Visualisierungsmittel einsetzen – sich zur eigenen Mediennutzung äußern und sie reflektieren (ITG)
2	GA	10′	S bilden Zufallsgruppen (4 S) und tauschen sich über Probleme, Tipps und Tricks ihrer Computernutzung aus. Dazu bearbeiten sie zugewiesene Aufgaben aus dem Aufgabenkatalog.	S 01.2	
3	GA	15′	S bereiten sich auf einen Bericht im Plenum vor. Dabei sollen möglichst alle Mitglieder zu Wort kommen und die Fachbegriffe verwendet werden.	S 01.3	
4	PL	15′	Die Gruppen tragen ihre Ergebnisse vor. Themengleiche Gruppen ergänzen.		
5	PA	25′	In möglichst heterogenen Partnergruppen bearbeiten die S eine der Aufgaben am PC und erstellen ein Arbeitsblatt (und lösen die Zusatzaufgaben).	S 01.4, 5	
6	PL	10′	Einzelne Tandems stellen ihre Ergebnisse vor. Die Klasse wird aufgefordert, Ergänzungen einzubringen.		
	HA		Erstelle ein Arbeitsblatt, das zeigt, welche sportlichen Schwerpunkte deine Schule hat (Schulmannschaften, Turniere …).		

Erläuterungen zur Lernspirale

Ziel der Doppelstunde ist es, den Lernstand der Gruppe zu erheben und individuelles Spezialwissen sichtbar zu machen. Dies dient dem Lehrer zur Justierung der Anforderungsebenen und den Schülern zur eigenen Standortbestimmung.

Zum Ablauf im Einzelnen:

1. Arbeitsschritt: Nach der Einzelarbeit werden die vier Ecken des Klassenraums/Computerraums mit den Zahlen 1–4 ausgewiesen. Die Schüler stellen sich ihrem Können entsprechend in die Ecken. Dadurch entsteht für Lehrer und Schüler eine sichtbare Verteilung der vorhandenen Fertigkeitsprofile. In diesem Zusammenhang sollte der Lehrer deutlich machen, dass unterschiedliches Können kein persönliches Defizit ist, sondern Anreiz, das eigene Können auszubauen.

2. Arbeitsschritt: Diese Phase zeigt den Schülern, dass die Verwendung von Fachbegriffen vorteilhaft ist, weil die Kommunikation erleichtert und Eindeutigkeit hergestellt wird. Deshalb sollte immer wieder eingegriffen werden, wenn die Begriffe umgangen oder falsch verwendet werden.

5. Arbeitsschritt: Neben der Arbeit mit dem Textverarbeitungsprogramm sollen die Schüler hier Internetseiten aufsuchen. Es ist zu erwarten, dass dabei sehr unterschiedliche Vorgehensweisen (Suchmaschinen, gezielte Eingabe von Adressen …) gewählt werden. Einige Schüler sollen ihren Lösungsprozess kurz darstellen.

Zur Differenzierung: Sehr gute Schüler, die die Aufgaben schnell erledigt haben, können neue Aufgaben formulieren.

Die Zusatzaufgabe im Schülerheft ist nur praktikabel, wenn eine Internetverbindung hergestellt werden kann (Computerraum).

6. Arbeitsschritt: Die Präsentation der Arbeitsblätter/Arbeitsergebnisse kann mit Beamer, Ausdrucken oder Folie erfolgen.

Hinweise zur Wirkung der Formatierung und Gestaltung von Dokumenten (schrille Farben, heterogene Textelemente) können hier vom Lehrer und von den Schülern eingebracht werden. Der Lehrer gibt positive Rückmeldungen zu Arbeitsergebnissen mit strukturiertem, einheitlichem Design und mit einer seriösen und informativen Darstellung.

✓ Merkposten

Es hat sich bewährt, einen "Experten" und einen „Laien" in Partnerarbeit an einem PC arbeiten zu lassen: Der „Experte" darf erklären, aber nicht die Tastatur berühren! Der „Laie" führt aus.

LS 02 Texte formatieren und Bilder einfügen

		Zeit	Lernaktivitäten	Material	Kompetenzen
1	PA	10′	Die S öffnen die Datei „Handywette" (www.klett.de/klippert) und bearbeiten die Aufgabe (Formatierung erkennen).	S 02.1	- Arbeitsaufträge korrekt umsetzen und zielgerichtet arbeiten und kooperieren - Informationen zielgerichtet entnehmen, ordnen, prüfen, vergleichen und darstellen - den eigenen Standpunkt sachlich darlegen und begründen - die Bedeutung von Ober- und Unterbegriffen erfassen und zur Strukturierung von Inhalten nutzen - Kurzreferate frei vortragen - verschiedene Geräte zur Eingabe von Daten einsetzen (ITG)
2	PA	10′	S verändern den Seitenaufbau der Textbeispiele, verschieben das Bild und variieren die Seitenformatierung.	S 02.2	
3	PA	15′	S erstellen einen eigenen Kurztext und fügen ein Bild aus dem Ordner Bilder (www.klett.de/klippert) in die Textfelder ein. S erproben Möglichkeiten der Bildformatierung.	S 02.3, 4 www.klett.de/klippert	
4	PA	20′	Partnergruppen entwickeln einen kleinen Leitfaden: Wie man Bilder in Texte einfügt oder bereits eingefügte Bilder in Texten verändern kann. S erstellen dazu ein Arbeitsblatt.	S 02.5	
5	PL	15′	Einzelne Tandems stellen ihre Ergebnisse vor. S ergänzen und geben ein Feedback nach bekanntem Muster.		
6	PA	10′	Partnergruppen überprüfen/optimieren ihren Leitfaden und speichern die optimierte Fassung auf einem Datenträger oder schicken das Arbeitsblatt per E-Mail an die private Adresse.	S 02.6	
			Alternative: Eine Gruppe stellt in einer Liste alle E-Mail-Adressen der S zusammen und richtet einen E-Mail-Verteiler für die Klasse ein.		

Erläuterungen zur Lernspirale

✓ Merkposten

Der Computerraum sollte rechtzeitig reserviert werden. Durch das Speichern der Datei „Handywette" und der Bilder (beides unter www.klett.de/klippert) auf einem Datenträger (USB-Stick, Diskette) kann auch ohne Internetanschluss gearbeitet werden.

Ziel der Doppelstunde ist es, Schülern im sozialen Bereich zu verdeutlichen, dass Computertätigkeiten zu effektiven Lernprozessen führen, wenn Reflexions- und Kommunikationsphasen sinnvoll integriert werden. Im fachlichen Bereich sollen Grundlagen wiederholt und erweitert werden. Sie sind Voraussetzung für die Bewältigung komplexer Aufgaben: Material aus dem Internet und/oder digitalen Datenträgern zu bearbeiten und zielgerichtet einzuordnen. Dabei ist Spezialwissen erwünscht. Es soll aber nicht zur Selbstdarstellung genutzt, sondern produktiv eingebracht werden.

Zum Ablauf im Einzelnen:

Arbeitsschritt 1: Alternativ zur Partnerarbeit am Computer kann mit einer zentralen Projektion (Beamer) das Unterrichtsgespräch im Plenum geführt werden. Das hat den Vorteil, dass nicht nur die flinken Finger der „Profis" das Tempo bestimmen, sondern auch bedächtige Computerarbeiter zu Wort kommen. Alle Fragen, auch die einfachsten, dürfen hier gestellt werden.

Arbeitsschritte 2, 3: Es könnte erforderlich werden, die Arbeitsgruppen (Tandems) neu zusammenzustellen, damit die „Spezialisten" nicht unter sich arbeiten. In jeder Gruppe sollte ein Schüler sein, der die Aufgaben lösen kann. Dazu können auch drei Schüler an einem Computer arbeiten.

Arbeitsschritt 4: Der Leitfaden sollte die rudimentären Angaben in der richtigen Reihenfolge enthalten. Dazu können die Schüler mit Nummerierungen arbeiten und die wichtigen Schritte als Befehl formulieren: *Geh mit der Maus auf den Button ...* Die Erfahrung zeigt, dass die Verschriftlichung der Arbeitsschritte ungern erledigt wird, aber nachhaltig zum Erfolg führt.

Arbeitsschritt 5: Es hat sich bewährt, dass die Schüler für Kritik und Rückmeldungen die Formulierungen nutzen: *Als schwierig sehe ich an, dass ... Besser wird es, wenn ...*

Arbeitsschritt 6: Jeder Schüler sollte über eine E-Mail-Adresse verfügen. Sie kann kostenlos eingerichtet werden und ist von jedem Computer mit Internetanschluss zu erreichen. Dafür muss geklärt werden, ob der Zugang zu privaten Internetadressen über die Schulcomputer gestattet und möglich ist.

LS 03 Mit Texten und Tabellen arbeiten

		Zeit	Lernaktivitäten	Material	Kompetenzen
1	EA/ PL	15′	S halten mit einem Stichwortzettel (Hausaufgabe) einen Kurzvortrag zum Thema: „Tabellen in Word". Im Plenum werden Fragen und Anregungen gesammelt und geklärt.	S 03.1	- verständlich informieren - Gedanken strukturiert äußern - zielgerichtet arbeiten und kooperieren - freie Redebeiträge leisten - grundlegende, vielfältige informationstechnische Anwendungen selbstständig und zweckorientiert einsetzen (ITG) - Informationen in größeren Text- und Präsentationsdokumenten und in umfangreichen digitalen Dokumenten mit eingefügten Objekten darstellen
2	PA	20′	In Partnerarbeit (mit Computer) bearbeiten S eine unvollständige Tabelle, klären oder notieren Fragen und Schwierigkeiten.	S 03.2	
3	PL	10′	S stellen ihre Ergebnisse vor und reflektieren, wie Probleme bei der Erstellung von Tabellen behoben werden können.	S 03.3	
4	PA	15′	S erstellen eine weitere Tabelle. Dazu einigen sie sich auf gemeinsame Inhalte und erproben Formatierungsmöglichkeiten mit dem Tabellenassistenten.	S 03.4	
5	PL	10′	S stellen ihre Ergebnisse vor. Der Schwerpunkt liegt auf der variablen Gestaltung mithilfe des Tabellenassistenten.	S 03.5	
6	PA	10′	In Tandems erproben die S, wie ihre Tabellen optimiert und formatiert werden können (Tabellenassistent) und schicken das Ergebnis an ihre E-Mail-Adresse.	S 03.6	
	HA		S bearbeiten wie oben eine Tabelle in Word/OpenOffice, speichern ihre Ergebnisse (Diskette, USB-Stick) und stellen sie in der folgenden Stunde vor.		

Erläuterungen zur Lernspirale

Ziel der Doppelstunde ist es, sowohl theoretisch als auch praktisch Tabellen in Word erstellen zu können. Es geht darum, die Arbeitsschritte nicht nur ausführen zu können, sondern auch verbal angemessen darzustellen.

Zum Ablauf im Einzelnen:

Arbeitsschritt 1: Die Aufgabe, die Arbeitsschritte zum Erstellen einer Tabelle ohne Computer zu erläutern, hat sich in der Praxis bewährt, weil das Vorstellungsvermögen der Schüler gefördert wird.

Arbeitsschritt 2: Diese Phase sollte genutzt werden, um erkennbare Defizite zu beheben. Dazu können die Partnergruppen so gebildet werden, dass „Spezialisten" und „Laien" jeweils ein Tandem bilden. Auch hier hat sich bewährt, Schüler dazu aufzufordern, vorhandene Schwierigkeiten genau zu formulieren.

Arbeitsschritt 4: Bei Tandems, die aus einem Jungen und einem Mädchen bestehen, kann es hier zu inhaltlichen Differenzen kommen. Sportliche Vorbilder werden geschlechtsspezifisch und nach recht unterschiedlichen Kriterien ausgewählt. Ein Mädchen-Junge-Tandem kann eine Tabelle entwerfen, die diese Unterschiede deutlich macht (z. B. Eiskunstlaufen „gegen" Formel 1) Man sollte hervorheben, dass das eine besondere Herausforderung darstellt.

Es ist wichtig, dass die Schüler ihre Texte in Tabellen abspeichern. Bei den nächsten Arbeitsschritten kann es durch das erforschende Lernen zu Datenverlusten kommen. Deshalb sollte die Ur-Version gespeichert und mit einer Kopie weitergearbeitet werden.

Arbeitsschritt 6: Schüler verfügen in der Regel über E-Mail-Adressen. Sollte dies für einzelne Schüler nicht zutreffen, können „Spezialisten" aus der Klasse helfen, eine kostenlose Adresse anzulegen. Wenn Schüler nicht über einen häuslichen Computerzugang verfügen, muss geprüft werden, ob in der Schule die Möglichkeit besteht, Aufgaben mit dem Computer zu erledigen.

Bewährt hat sich, private Speichermöglichkeiten (USB-Stick, MP3-Player mit USB-Anschluss) zu nutzen.

Geklärt werden sollte, ob die Schulcomputer noch über Diskettenlaufwerke verfügen, um eventuell einen Datentransport mit Disketten zu organisieren.

Zur Differenzierung können einzelne Schüler ihre Hausaufgabe an den Lehrer mailen.

Merkposten

Wenn der Computerraum nicht genutzt werden kann, kann zur Besprechung der Hausaufgabe in der folgenden Stunde ein Folienausdruck und der Overhead-Projektor genutzt werden.

LS 04 Gemeinsam arbeiten mit einem Textverarbeitungsprogramm

		Zeit	Lernaktivitäten	Material	Kompetenzen
1	PL	10′	S tauschen sich über These (siehe S 04) aus. Sie suchen und erläutern eigene Lösungswege, wie an Dokumenten gemeinsam effizient gearbeitet werden kann.	S 04.1	- artikuliert und verständlich reden - sich sachlich und sprachlich angemessen mit Argumenten anderer auseinandersetzen - den eigenen Standpunkt sachlich darlegen und begründen - die Bedeutung von Ober- und Unterbegriffen erfassen und zur Strukturierung von Inhalten nutzen - individuelle Einstellungen bei Dokumenten und informationstechnischen Anwendungen vornehmen (ITG) - vielfältige informationstechnische Anwendungen selbstständig und zweckorientiert einsetzen (ITG)
2	PA	20′	S arbeiten im Heft die Anleitung „Änderungen verfolgen" ab. Dazu verwenden sie einen Text von der Internetplattform www.klett.de/klippert.	S 04.2	
3	PL	10′	Ausgeloste Tandems stellen ihre Arbeitsergebnisse dar. Dazu projizieren sie ihr Dokument für alle sichtbar und erläutern die Reihenfolge der Schritte, die sie am Computer vollzogen haben.	S 04.3	
4	PA	20′	Die Tandems tauschen ihre Dokumente (alle Änderungszeichen werden gelöscht) aus. Sie fügen Änderungen mithilfe der erlernten Arbeitsschritten ein und speichern die veränderte Fassung mit einem sinnvollen Zusatz ab. Sie geben den Verfassern des Textes diese veränderte Fassung zurück.	S 04.4	
5	PA	10′	Die Verfasser überprüfen den überarbeiteten Text und entscheiden, welche Änderungen sie akzeptieren und welche sie verwerfen. Sie speichern den Text mit einem Hinweis auf die aktuelle Fassung/Version ab.	S 04.5	
6	PL	10′	Ein Tandem demonstriert, wie Änderungen akzeptiert oder verworfen wurden (mit einem Beamer oder Overhead-Projektor).	S 04.6	
	HA		Die Schüler erhalten per Mail oder über ein Speichermedium (USB-Stick, MP3-Player, Diskette) ihren Text, den sie zu Hause weiter bearbeiten und optimieren sollen.	S 04.7	

Erläuterungen zur Lernspirale

Ziel der Doppelstunde ist, ein effizientes Verfahren für die gemeinsame Bearbeitung von Texten mit dem Computer zu vermitteln. Arbeitsvorhaben, die von mehreren Schülern/Autoren umgesetzt werden (Projektarbeit, fachübergreifende Arbeiten), enthalten fast immer Situationen, in denen Texte gemeinsam erstellt und überarbeitet werden müssen. Um Texte ihrer jeweiligen Fassung sicher zuordnen zu können, benötigen sie ein unkompliziertes Verfahren. Dazu gibt es die Funktion „Änderungen verfolgen".

Zum Ablauf im Einzelnen:
Arbeitsschritt 1: Die These (S 04) soll die Schüler dazu anregen, eigene Erfahrungen zu thematisieren und für die Aufgabe „Änderungen in gemeinsamen Arbeiten zu verfolgen" zu sensibilisieren. Auch wenn die Schüler die Anleitung im Schülerheft bereits gelesen haben, ist eine Erläuterung der Arbeitssituation für das gemeinsame Arbeiten an Texten erforderlich.
Arbeitsschritt 2: Es ist wichtig, dass die Schüler sinnvolle und anspruchsvolle Texte bearbeiten. Die Texte von der Internetplattform werden diesem Anspruch gerecht. Natürlich können auch Materialien/Themen aus der Unterrichtsarbeit verwendet werden. Spontan erstellte Texte führen aber leicht zu unseriösen Ergebnissen.
Arbeitsschritt 4: Neben der Umsetzung der Arbeitsanleitung sollen hier die Schüler erfassen, dass das Abspeichern der bearbeiteten Dokumente unter einem sinntragenden Namen von großer Bedeutung ist. Es muss für alle am Text Arbeitenden klar sein, an welcher Fassung sie arbeiten.
Arbeitsschritt 5: In diesem Arbeitsschritt soll den Schülern klar werden, dass letztlich eine Person/ein Team die Verantwortung für die gemeinsame Arbeit trägt und die verbindliche Fassung festlegt.
Arbeitsschritt 6: Es bietet sich an, Zusammenhänge aus dem Fachunterricht zu nutzen, um die erlernte Arbeitsweise mit Leben zu erfüllen. Eine differenzierende Hausaufgabe, bei der in Gruppenarbeit ein gemeinsamer Text erstellt werden muss, wird empfohlen. Dabei können die Schüler zunächst einzeln arbeiten und dann die Ergebnisse zusammenfügen oder sofort in der Gruppe/im Tandem arbeiten.

LS 05 Hypertexte erstellen

		Zeit	Lernaktivitäten	Material	Kompetenzen
1	EA	5′	S lesen den Informationstext „Texte und Hypertexte" im Schülerheft und äußern sich zu den Fragen.	S 05.1	- verständlich informieren - auf Gegenpositionen sachlich eingehen - Arbeitsaufträge korrekt umsetzen - anschaulich über Arbeitsergebnisse informieren - vielfältige informationstechnische Anwendungen selbstständig und zweckorientiert einsetzen (ITG) - individuelle Einstellungen bei Dokumenten und informationstechnischen Anwendungen vornehmen (ITG)
2	PA	10′	S lesen den Text „Sport – ein eindeutiger Begriff?" und suchen die Worterklärungen, die inhaltlich verbunden werden sollen. Mit Bleistift und Lineal stellen sie die Verbindungen her. **Alternative:** Den Text stark vergrößert ausdrucken. S stellen mit Stecknadeln und Wollfäden die Textverbindungen her.	S 05.2	
3	PA	20′	S lesen Informationsblatt mit Arbeitsanweisungen und versuchen, Hyperlinks in Word-Dokumente einzufügen.	S 05.3, 4 www.klett.de/klippert	
4	PA	20′	In (neuen) Partnergruppen erstellen die S Arbeitsblätter, die innerhalb einer Seite und über Dokumente hinweg verlinkt werden.		
5	PA	15′	S fügen in Partnergruppen Links in ihre Texte ein, die zu ausgewählten Internetseiten führen.	S 05.5	
6	PL	10′	Einzelne Gruppen stellen ihre mit Links versehenen Texte vor. Im Plenum werden Fragen zur sinnvollen Anwendung von Hyperlinks geklärt.		

Erläuterungen zur Lernspirale

Ziel der Doppelstunde ist es, den Schülern bewusst zu machen, dass Lese- und Schreibprozesse mit Hypertexten besondere Chancen bieten, aber auch besonderen Bedingungen unterliegen. Nicht nur die Bedienungskompetenz ist gefragt, sondern auch die Bewertungskompetenz für die Besonderheit dieser Texte.

Zum Ablauf im Einzelnen:
Arbeitsschritt 1: Die Unterscheidung von linearen und nicht linearen Texten – in diesem Fall Hypertexten – soll hier vor der praktischen Anwendung erfasst werden. Insbesondere die Folgen für den Leseprozess müssen deutlich herausgearbeitet werden, um Sensibilität für den eigenen Umgang mit Internetseiten zu schaffen.
Arbeitsschritt 2: Die Worterklärungen sind leicht zuzuordnen. Hilfen sind evtl. bei den Begriffen „Dressur" und „Schach" als Denk-Sport zu geben. Das Bild zeigt eine olympische Goldmedaille (von Cornelia Hanisch, Fechterin) und ist somit dem Begriff „Olympische Spiele" zuzuordnen.
Sehr gut bewährt hat sich, den Text vergrößert auszudrucken, aufzukleben und die Verbindung zwischen dem Begriff und der passenden Worterklärung mit Stecknadeln und Faden herzustellen. Der Aufwand lohnt sich (haptisches Lernen) aufgrund der hohen Anschaulichkeit.
Arbeitsschritt 3 und 4: Die Text-Dateien „Sport – ein eindeutiger Begriff?" und „Worterklärungen_Sport" sind auf der Internetplattform gespeichert. Für diese Arbeitsschritte sollte Zeit gewährt werden. Sie sind Grundlage für viele weitere Umsetzungsbeispiele (z. B. für Linklisten). Sobald der Ablauf einmal funktioniert hat, ist mit einem geringen Wiederholungsbedarf zu rechnen und die sichere Beherrschung gewährleistet.
Arbeitsschritt 5 und 6: Um die Arbeitsanleitungen umsetzen zu können, muss eine Internetverbindung hergestellt werden. (vor der Stunde prüfen)
Mit der Einbeziehung von Internetseiten sollten zwei Aspekte thematisiert werden:
- Informationen aus dem Internet besitzen oft zweifelhafte Qualität;
- alle Quellen, auch Internetseiten, müssen korrekt mit der vollständigen Adresse und dem Abrufdatum angegeben werden.

✓ Merkposten

Es hat sich bewährt, einen "Experten" und einen „Laien" in Partnerarbeit an einem PC arbeiten zu lassen: Der „Experte" darf erklären, aber nicht die Tastatur berühren! Der „Laie" führt aus.

LS 06 Im Internet finden, was man wirklich sucht

		Zeit	Lernaktivitäten	Material	Kompetenzen
1	EA	10′	Die Klasse wird in Gruppe A und B unterteilt. Gruppe A liest im Heft den Text A „Suchmaschinen und Internet-Kataloge", Gruppe B den Text B „Tipps für die Suche mit Suchmaschinen". Die S markieren Schlüsselbegriffe und erstellen Spickzettel.	S 06.1	– Arbeitsaufträge korrekt umsetzen – verständlich informieren – Gedanken strukturiert äußern – Informationen entnehmen – sich sachlich und sprachlich angemessen mit Argumenten anderer auseinandersetzen – Informationen aus unterschiedlichen Quellen beschaffen – mit sinnvollen Suchstrategien und Hilfsmitteln recherchieren sowie die Brauchbarkeit der Ergebnisse beurteilen (ITG) – die Qualität von Informations- und Medienangeboten beurteilen (ITG)
2	PA	10′	Im Tandem stellen sich die S wechselseitig mit Spickzetteln den Inhalt ihres Textes vor. Der Partner hört zu, fragt nach. Die S bereiten sich darauf vor, den Inhalt des Textes vorzustellen, den sie nicht bearbeitet haben (S der Gruppe A erklären den Text B und umgekehrt).	S 06.2	
3	GA	15′	Zwei Partnergruppen bilden eine neue Gruppe. Die S, die Text A bearbeitet haben, stellen in der Gruppe den Inhalt von Text B vor. Die Experten fragen nach, korrigieren (und umgekehrt). Die S einigen sich darauf, wer die Inhalte der Texte A und B im Plenum vorstellt.	S 06.3	
4	PL	10	Eine Gruppe stellt den Inhalt von Text A und B vor. Fragen zu den Texten werden geklärt.	S 06.4	
5	PA	20′	S erhalten Suchaufträge (Textsuche, Mediensuche).	S 06.5 LS 06.M1	
6	PA	15′	S fügen ihre Suchergebnisse in einem Arbeitsblatt zusammen.	S 06.6	
7	PL	5′	Ein Ergebnis („Leuchtturm-Ergebnis") wird exemplarisch vorgestellt.	S 06.7	

Erläuterungen zur Lernspirale

✓ Merkposten

Hinweis: Das Material LS 06.M1 stellt eine deutlich reduzierte Variante zur Aufgabe S 06.5 (Tabelle mit Sportarten) im Schülerheft dar. Es kann eingesetzt werden, um leistungsschwächere Schüler zu entlasten, den Grad der Komplexität langsam zu steigern oder um Übungsbeispiele anzubieten.

Ziel der Doppelstunde: Es geht darum, den Schülern zu verdeutlichen, dass Internetseiten beschreibbare Qualitätsunterschiede aufweisen und dass variable Suchstrategien erforderlich sind, um relevante Informationen zu erhalten.

Zum Ablauf im Einzelnen:

Arbeitsschritt 1: Die Texte enthalten Informationen, die einzeln bearbeitet, aber später komplementär zusammengefügt werden. Der Lehrer weist darauf hin, dass jeder Schüler Experte für seinen Text ist und den Inhalt einem „Laien" erklären muss.

Arbeitsschritt 2: Die Aufgabe, den „Fremdtext" sicher zu erfassen, zwingt die Schüler, sich aktiv und intensiv mit beiden Texten zu befassen.

Arbeitsschritt 3: Hier kann es zu Wiederholungen kommen. Sie dienen der endgültigen Klärung und dem sicheren Erfassen der Inhalte beider Texte. Aus den komplementären Informationen soll eine Einheit entstehen, die im Plenum vorgestellt werden kann.

Arbeitsschritt 4: Wird der Unterricht in Einzelstunden durchgeführt, kann hier unterbrochen werden. Zur Ergebnissicherung; HA: *Verfasse für die Schülerzeitung einen Artikel: „Meine Tipps für die Internet-Suche".*

Arbeitsschritt 5: Die praktische Umsetzung zeigt, ob die Erarbeitung der theoretischen Kenntnisse erfolgreich war. Dazu erhalten Partnergruppen Suchaufträge, die sie zu Suchmaschinen und Internet-Katalogen führen. Sie müssen eine Mediensuche (Bilder) durchführen und Suchoperatoren erproben. Schon hier muss der Hinweis auf den nächsten Arbeitsauftrag kommen, damit die Suchergebnisse effizient weiterverarbeitet werden.

Arbeitsschritt 6: In dieser komplexen Aufgabe können die Schüler zeigen, dass sie die in dieser Spirale gewonnenen Kenntnisse gezielt einsetzen können. Es kann auch deutlich werden, wo Defizite bestehen.

Arbeitsschritt 7: Der Lehrer beobachtet während der Arbeitsphase der Schüler deren Arbeitsfortschritt. Er wählt bewusst ein besonders gelungenes Gruppenergebnis (Leuchtturm-Ergebnis) aus. Damit wird deutlich, was mit Konzentration und einer positiven Arbeitshaltung erreicht werden kann.

Wird der Unterricht in einer Doppelstunde durchgeführt, kann hier die Hausaufgabe gestellt werden. Es bietet sich an, konkrete Inhalte und Themen der Spirale „Argumentieren" als Suchaufträge zu berücksichtigen. Damit wird den Schülern klar, dass Arbeitstechniken nicht losgelöst von Inhalten anzuwenden sind. Ebenso wird klar, dass zur Erarbeitung von Inhalten und Informationen erlernbare Techniken und Anwendungen erforderlich sind.

LS 06.M1

Aufgabe
Im Internet findest du zahlreiche Informationen zum Thema „Sicherheit beim Inlineskaten". Dazu sollst du die abgebildete Tabelle füllen. Überlege zunächst, ob du einen Internet-Katalog oder eine Suchmaschine benutzen willst. Achte darauf, welche Suchworte du einträgst und welche zusätzlichen Zeichen du dabei verwendest.
Trage die Informationen in die Tabelle ein. Finde jeweils auch ein passendes Bild. Füge es in die rechte Spalte ein.

	Sportart: Inlineskaten	**Informationen**	**Bild**
1	Ausrüstung		
2	Verhalten im Verkehr		
3	Bremstechniken		

Expertengruppe: Die Mitglieder der betreffenden Gruppe spezialisieren sich auf ein bestimmtes Thema/ Material/Problem und erarbeiten sich korrespondierendes Expertenwissen. Sie bereiten Vorträge vor und halten diese vor der Klasse oder in anderen Gruppen.

Feedback: Die Schüler geben Mitschülern oder auch Lehrern Rückmeldungen zu bestimmten Arbeitsphasen bzw. Arbeitsweisen. Das Feedback folgt bestimmten Regeln und sollte auf jeden Fall fair und ermutigend sein.

Fishbowl: Ein Teil der Klasse sitzt in einer Art „Aquarium" im Zentrum des Klassenraumes und diskutiert stellvertretend für die Gesamtklasse ein bestimmtes Thema. Die übrigen Schüler sind Zuschauer und Beobachter und können sich ggf. kurzzeitig auf einen freien Stuhl ins „Aquarium" begeben, um einen eigenen Beitrag einzubringen.

Fünf-Satz-Schema: Das Fünf-Satz-Schema dient der Argumentationsschulung. Es beginnt mit einem Satz zur Ausgangssituation und führt über drei Sätze zur Begründung/Erläuterung einer Maßnahme hin zum eigentlichen Zielsatz (z. B. „Deshalb brauchen wir ein Rauchverbot in der Schule").

Komplementärtext-Methode: Die Schüler einer Klasse erhalten abwechselnd Text 1 oder Text 2 zu einem bestimmten Thema. Beide Texte ergänzen sich (= sind komplementär) und werden arbeitsteilig gelesen. Anschließend kommen Vertreter beider Texte zusammen und halten sich wechselseitig Vorträge, lösen eine übergreifende Aufgabe oder erstellen ein gemeinsames Produkt.

Laiengruppe: Damit sind jene Schüler gemeint, die ein bestimmtes Thema nicht eigens bearbeitet haben und deshalb „Laien" sind, wenn dieses Thema präsentiert wird.

Partnerarbeit (PA): siehe Tandemarbeit

Regelgebundenes Kreisgespräch: Schüler-Schüler-Gespräch, das bestimmten vereinbarten Regeln folgt. Solche Regeln können sein: Wort weitergeben, Mitschüler anschauen, laut und deutlich reden, aufmerksam zuhören, beim Thema bleiben etc.

Tandemarbeit: Zwei Schüler arbeiten gemeinsam an einer Aufgabe. Sie lösen gemeinsam Probleme, halten sich wechselseitig Vorträge, unterstützen sich gegenseitig etc.

Tandempräsentation: Die Präsentation der Arbeitsergebnisse vor der Klasse erfolgt zu zweit. Die Präsentation kann gleichberechtigt erfolgen; sie kann aber auch so aussehen, dass ein Schüler als Hauptpräsentator und ein zweiter als Assistent ausgelost wird.

Themenspeicher/Problemspeicher: Die Schüler notieren Themenvorschläge bzw. Problemanzeigen auf Stichwortkarten und heften sie an eine eigens vorbereitete Pinnwand oder Wandtafel.

Themenzentrierte Assoziationen: Die Schüler fixieren ihre persönlichen Assoziationen zum jeweiligen Thema in Form von Stichworten, Assoziationsbildern, Satzergänzungen, Symbolen etc.

Zufallsgruppe/Zufallstandem: Gruppen- bzw. Tandembildung mittels Abzählen, Spielkarten, Puzzlebildung, Namenskärtchen oder anderen Formen des Losverfahrens.

✓ Merkposten

Weitere Begrifflichkeiten werden unter www.klett.de/klippert erklärt